乡村振兴融合发展路径

聂军维　著

中国农业出版社

北　京

图书在版编目（CIP）数据

乡村振兴融合发展路径 / 聂军维著 . -- 北京：中
国农业出版社 , 2023.3
ISBN 978-7-109-30475-8

Ⅰ . ①乡… Ⅱ . ①聂… Ⅲ . ①农村—社会主义建设—
研究—中国 Ⅳ . ① F320.3

中国国家版本馆 CIP 数据核字 (2023) 第 039259 号

乡村振兴融合发展路径

XIANG CUN ZHEN XING RONG HE FA ZHAN LU JING

中国农业出版社出版
地址：北京市朝阳区麦子店街 18 号楼
邮编：100125
责任编辑：赵　刚
版式设计：杜　然　　　　　责任校对：吴丽婷
印刷：北京中兴印刷有限公司
版次：2023 年 3 月第 1 版
印次：2023 年 3 月北京第 1 次印刷
发行：新华书店北京发行所
开本：720mm×960mm 1/16
印张：12.5
字数：170 千字
定价：58.00 元

引　言

　　乡村振兴是一项系统性工程，产业是基础，人才是支撑，文化是灵魂，生态是根基，组织是保障，五大振兴是一个内在联系紧密的有机整体，彼此互促互进、相辅相成、互为条件、互为内因、互为一体。乡村振兴，既是单个乡村的振兴，更是超越单个乡村的片区或全域发展，这是资源集合需要、三产融合需要、全面振兴需要、示范带动需要以及实现共同富裕的需要。乡村要实现可持续发展，需用市场思维和商业路径找到乡村振兴的入口和出口。以人为本，深挖就地化基因，以全局谋划一域，以一域服务全局，全力以赴探索乡村振兴的可持续发展路子，制定高质量发展规划，谋求全系统实施方案，打造有效模式，推动乡村全面振兴，激活乡村资源，直面问题解决。

　　乡村振兴，关键是人，核心是解决人本需求，真正寻求让一方水土能够富养一方人的良策良方。带着对土地的敬畏之心、使命之责、时代之命，在尊重生态、做强产业、抓实人才、激活文化、有效组织的基础上，以激活和提升土地价值为原则，以政治、社会、经济三大属性的实现为前提，建构并推动"生态线、产业线、利益线、品牌线、机制线"五线融合系统，做好土壤，做富土壤。以市场化视角架构乡村振兴生态系统、乡村产业融合发展、有效乡村建设行动、可行全域治理模式、全域运营系统、多方利益联结机制及全域价值体系等。在尊重农民主体地位的基础上，有效将乡村资源与市场需求匹配衔接，推动三生融合、城乡融合、产城融合、产居融合、三产融合、主体融合、利益融合，探索可行的路径，为实现农业农村现代化，农业强、农村美、农民富的愿景目标贡献力量。

要走出、走好既具有我国乡村振兴时代背景和战略使命的客观性，又具有世界的一致性的中国特色社会主义乡村振兴之路。乡村振兴伟大时代、乡村振兴伟大工程、乡村振兴伟大事业，既需要情怀，也需要全力付出，更需要战略定力和毅力，是时代使命，是时代机遇，更是我们乡村振兴建设者的殊荣。2018 年，由笔者牵头制定了国内首个国有企业实施乡村振兴战略规划，在全局与局部、宏观与微观、政策与落地、规划与实操方面探索方法、积累经验，构建了乡村振兴思维导图和商业模式，制定了市场化和商业化的实施方案，探索形成了乡村振兴方法论与实践路径。

本书在编写过程中，既得到了山东省乡村振兴齐鲁样板研究院的大力支持，也得到了志同道合的各界朋友的支持。此外，还加入了许多在全国有一定影响力、具一定代表性的乡村振兴标杆案例。算是抛砖引玉，供大家参考！最后，愿与社会各界同人，协同走好乡村振兴之路！

目 录

第一章

乡村发展的新时代

随着中国经济社会发展进入新时代，特别是当人民日益增长的美好生活需要和不平衡不充分的发展之间的矛盾上升为新时代社会发展的主要矛盾后，全面实施乡村振兴战略，与中国特色社会主义现代化时代、农业农村现代化建设时代、美丽乡村和美丽经济时代、城乡融合和产业融合时代、消费引领的新业态时代、生态文明和健康中国时代、创新文化改革时代、互联网＋数字乡村革命时代发展方向相融合，为中华民族伟大复兴贡献力量、彰显时代格局。

一、乡村发展的时代背景

乡村振兴战略是我国发展到一定阶段，经济社会全面发展的客观要求，与城乡融合发展、新型城镇化战略相辅相成，构成我国新时代背景下国家战略决策、国家战略意志和国家战略决心，从更加高位、更加全面、更加系统、更加聚焦的视角进行整体布局、全面谋划、系统实施。乡村振兴、城乡融合、新型城镇化的实施，核心在于以产业支撑和产业发展带动作为实施基础条件，使三产融合发展成为解决"三农"问题的经济前提，同时这也是实现农业农村现代化、农业强、农村美、农民富目标的保障条件。以此，探索多种战略融合、战略叠加、联合驱动、内涵逻辑以及各自融合匹配性实施路径。

（一）客观现实

农为邦本，本固邦宁。改革开放四十多年来，我国农业农村发展取得巨大成就，不仅解决了全国人民的吃饭问题，而且支撑我国成为世界第二经济大国、第一贸易大国和第一工业品制造大国。但与此同时，也出现了许多前所未有的新矛盾、新问题，需要在发展的道路上逐一解决。为了促进经济社会平衡、健康、协调、持续发展，中央始终把解决好"三农"问题作为全党工作的重中之重，先后采取了一系列改革举措优惠政策，不断增加对农业、农民、农村的支持与扶助。特别是《关于做好 2022 年全面推进乡村振兴重点工作的意见》文件指出，从容应对百年未有之变局和世纪疫情常态化，推动经济社会平稳健康发展，必须着眼国家重大战略需要，稳住农业基本盘、做好"三农"工作，接续全面推进乡村振兴，确保农业稳产增产、农民稳步增收、农村稳定安宁。

世界性的实践充分证明，人类社会发展已经进入了工业化、城市化、全球化、数字化这一新的历史时期。全面推进乡村振兴，客观分析研判"三农"工作所面临的各种问题困难，研究制定配套政策，都应充分承认和尊重这一重要的客观依据。按照新时代要求，把握趋势方向，抓住主要矛盾，解放思想观念，与时俱进、改革创新、因地制宜、全局突破，找准实施乡村振兴入口和出口，提出前瞻性、系统性解决方案，从根本上寻求解决困难问题的办法、路径。

（二）内涵要义

之前，农业农村领域生产要素向城市大规模地单向流动，造成了今日城乡之间经济社会发展水平的不平衡与发展程度的不充分，这是历史发展过程中形成的客观现实。系统做好"三农"工作，必须尊重人本需求和就地化基因，按照社会和经济发展规律顺势而为，打通城乡融合自由流通渠道，及时把战略重心转移到全面实施乡村振兴发展阶段、城乡融合发展阶段，再次展现新时代城市繁华和乡村繁荣。按照乡村振兴要求，推动实现农业农村在新时代的社会定位、功能担当、内涵诉求，通过发展不断释放农村生态价值、文化价值、农业价值、商业价值，促进农业农村由传统向现代化方向发展，为城乡融合发展、乡村全面振兴新格局的形成与拓展开辟道路、展现蓝图。

国家提出乡村振兴战略的思想精髓，不是以历史上某个阶段的农业农村发展状况为参照物，形成一种农业繁荣、农民富裕、农村进步为主要内涵的具体指标体系，而是面对亟待振兴的乡村，通过一系列宏观政策的科学调整和各个微观领域的克难奋进，努力创造出一个前所未有的崭新局面。要求五大振兴工程系统联动、综合施策、全面发力，积极主动地去适应历史向前发展的滚滚潮流，推动各方面工作与我国第二个百年奋斗目标的实现相融合。因此，乡村振兴的核心追求和终极目标，就是要走上一条凤凰涅槃、浴火重生的振兴新路，既有继承保护，也有创新发展，既要立足当下，也要改革立局，谋划未来。站在"三农"问题的全局来谋划乡村振兴新路径，谱写新时代农业农村现代化新篇章，全面实现农业强、农村美、农民富的愿景目标。当然，这个宏伟目标实现规划到2050年，需要通过几十年、几代人的努力奋斗才能实现，需要有乡村振兴的战略定力、长期发展的毅力、久久为功的恒心，脚踏实地的干劲、持之以恒的决心、开拓创新的视野，还要有效有为地往前推进。

（三）格局展望

世界潮流，浩浩荡荡，顺之则昌，逆之则亡。1978年我国实施改革开放，带来城乡40多年的高速发展，今天的许多个体和企业都是在改革开放时代大潮中抢抓机遇，遇水架桥、逢山开路、开拓创新，发展至今，成为有影响力的市场化主体。2017年国家提出了乡村振兴战略，开启了乡村发展新篇章，是时代发展需要，也是时代机遇。面对农业农村工作的新形势、新挑战和新任务，须认清当前工业化、城市化、全球化这个历史大趋势、时代大方向、社会大格局，正确分析、具体解剖、科学判断我国当前农业农村发展的阶段状况、本质属性、主要特征、待解决问题及发展方向。需要社会组织与个人进一步解放思想、转换观念、审时度势、因地制宜，以习近平新时代中国特色社会主义思想为行动指南，坚持在理论联系实际、规划指导实施、政策助力实践、机制保障落地等工作上下工夫，要在统一思想、凝聚力量、战略实操上取得实效，在落实部署、见诸行动上取得实效，要探索、谋划、构建城乡经济社会与生态环境融合发展、乡村振兴和谐发展的新框架和新格局。以切实推进乡村资源活化、产业增值、农民专业化素质的全面提升、农民全面发展，推进农村宜居宜业、农村产业的全面创新提升发展和乡村社会的全面转型，走好中国特色社会主义乡村振兴道路。

二、乡村发展的大"时代"

随着中国经济社会发展进入新时代，特别是当人民日益增长的美好生活需要和不平衡不充分的发展之间的矛盾已经上升为当前社会发展中的主要矛盾后，全面实施乡村振兴战略，与中国特色社会主义现代化时代、农业农村现代化建设时代、美丽乡村和美丽经济时代、城乡融合和产业融合时代、消费引领的新业态时代、生态文明和健康中国时代、创新文化改革时代、互联网＋数字乡村革命时代发展方向相融合，为中华民族伟大复兴贡献力量、彰显时代格局。

（一）现代化时代

习近平总书记在庆祝中国共产党成立 100 周年大会上庄严宣告，经过全党全国各族人民持续奋斗，我们实现了第一个百年奋斗目标，在中华大地上全面建成了小康社会，兑现了党向人民、向历史作出的庄重承诺，书写了中华民族几千年恢宏史诗的新篇章。这预示着中华民族伟大复兴向前迈出新的一大步，预示着中国特色社会主义是实现民族振兴的正确道路，预示着中国人民正以不可阻挡的步伐迈向伟大复兴，拉开的是全面建设社会主义现代化国家的新的序幕，负载新的使命，砥砺奋进，更多精彩还在未来。

全面建成小康社会，是汲取人类文明成果、顺应现代化发展大势、基于中国现实国情，探索出的一条中国式现代化的成功之路，一条坚持和发展中国特色社会主义、实现中华民族伟大复兴的正确道路。中国共产党带领人民坚持真理、解放思想、实事求是、改革创新，准确把握历史方位和历史主动、科学认识社会主要矛盾、制定科学发展规划和实施路线，着力形成充满活力的体制机制。循序渐进、梯次发展，先后解决人民温饱、实现全面小康，极大解放和发展了社会生产力，极大激发了全社会活力和创造力，推动物质文明、政治文明、精神文明、社会文明、生态文明协调发展，创造了中国式现代化新道路，创造了人类文明新形态，实现了经济社会从量的积累到质的飞跃。

党的十九大对实现第二个百年奋斗目标作出分两个阶段推进的战略安排，即到二〇三五年基本实现社会主义现代化，到本世纪中叶把我国建成富强民主文明和谐美丽的社会主义现代化强国。新时代，中国特色社会主义现代化既要体现社会主义的要求，也要反映进入新时代后的经济特征，主要涉及四个方面。

一是社会主义定位。中国特色社会主义现代化必须明确以人民为中心的定位，即必须坚持"以人民为中心"的发展思想，不断促进人的全面发展，向实现全体人民共同富裕迈进。党的十九届五中全会提出基本实现现代化的蓝图，明确了人民生活现代化的重要标志是，"中等收入群体显著扩大，基本公共服务实现均等化，城乡区域发展差距和居民生活水平差距显著缩小"。现代化以提高人民福祉为标准，基本实现现代化就是使人民生活更为宽裕，而到全面现代化时人民生活更加幸福安康。现代化以实现共同富裕为主要特征，基本实现现代化阶段，城乡区域发展差距和居民生活水平差距显著缩小，而到全面现代化阶段，全体人民共同富裕基本实现。显然，社会主义现代化是共同富裕逐步实现的过程，体现共享发展理念。

二是起点定位。中国特色社会主义现代化是在第一个百年奋斗目标——全面建成小康社会的基础上推进的，即全面建成小康社会成为中国特色社会主义现代化的新起点。在这个起点上，社会生产力水平总体上显著提高，人民群众全面摆脱贫困。在此背景下推进的现代化是要解决新起点上的新矛盾，也就是人民日益增长的美好生活需要和不平衡不充分的发展之间的矛盾。为此，既要在推动消费升级基础上促进人民美好生活需要不断增长，又要着力解决不平衡不充分的发展问题，体现协调发展理念。

三是目标定位。中国特色社会主义现代化以"到本世纪中叶把我国建成富强民主文明和谐美丽的社会主义现代化强国"为目标。这一目标定位显然有别于甚至高于发达国家的现代化。基于赶超目标，不能只停留在依靠模仿、引进和采用先行国家创新的现代科学技术来推进现代化，必须坚定中国特色社会主义道路自信、理论自信、制度自信、文化自信，建立独立自主、自立自强、创新引领的中国特色社会主义现代化。

四是道路定位。中国特色社会主义道路引领中国取得了举世瞩目的成就，为推动中国发展进步开辟了广阔前景。改革开放以来，我们坚定不移走中国特色社会主义道路，经济实力、科技实力、综合国力大幅提升，国际地位空前提高，人民生活由温饱不足跨越到全面小康，创造了经济快速发展、社会长期稳定的奇迹。我国的现代化不能走西方国家走过的浪费和掠夺资源的现代化道路，中国特色社会主义现代化是人与自然和谐共生的现代化，绿色发展和创新发展是社会主义现代化道路的鲜明特征，也是中国特色社会主义现代化与西方国家现代化的根本区别。

（二）农业农村现代化建设时代

习近平总书记指出，农业农村现代化是实施乡村振兴战略的总目标。没有农业农村现代化，就没有整个国家现代化。进入新发展阶段，开启全面建设社会主义现代化国家新征程，最艰巨最繁重的任务依然在农村，最广泛最深厚的基础依然在农村。加快农业农村现代化，是新发展阶段破解我国"三农"问题的必然要求，也是全面建设社会主义现代化国家的基础工程。立足新发展阶段、贯彻新发展理念、构建新发展格局，要求我们必须坚持农业农村优先发展总方针，把全面推进乡村振兴、加快农业农村现代化作为"十四五"乃至更长时期做好"三农"

工作的头等大事，当作全面建设社会主义现代化国家的重大任务。

农业农村现代化是要实现农业现代化与农村现代化融合共生、协调互动。农业农村现代化有两个理念转变。一是改变农业发展模式，即由农产品"数量剩余"转向"品质和附加值提升"，涉及农产品的品种优化、品质提升，以及农业全产业链中的产品附加值提升，由此构建与居民消费快速升级相适应的高质高效的现代化农业产业体系。二是改变发展农业农村的路径。新时代的农业农村现代化一改过去依靠农业农村外部的发展动力，而是直面农业和农村，构建现代农业产业体系、生产体系、经营体系。从国内外经验看，农业农村现代化所经历的不同阶段，会在我国不同地区同时出现。我国推进农业农村现代化，需要产业兴旺作为实现农业农村现代化的基本条件，以此形成包括工业化、信息化、城镇化、农业现代化的融合发展格局，要求农业现代化和农村现代化一起设计、一并推进、全面实现。

推进农业农村现代化，要注意农业现代化是根，农村居民生活品质的现代化是本，农村人口和劳动力素质的现代化是魂，植根、守本、铸魂是核心，协同促进农业高质高效、农村宜居宜业、农民富裕富足。推进农业农村现代化，强化粮食和重要农产品有效供给，顺应城乡居民消费结构升级需求，深入推进农业供给侧结构性改革，优化农产品需求侧管理和市场调控，加强现代农业产业体系、生产体系和经营体系建设，推动形成农业需求牵引供给、供给创造需求的更高水平动态平衡，持续提升农业质量、效益和核心竞争力。

农业农村现代化是农村经济、政治、文化、社会、生态文明"五位一体"的现代化。推进农业农村现代化的过程，是党和政府带领全国人民特别是广大农村居民共创美好生活的过程。因此，推进农村居民生活品质的现代化，应该是加快农业农村现代化的本质要求。通过加强农村基础设施、人居环境和公共服务能力建设，提升广大农民的获得感、幸福感、安全感和对乡村振兴的广泛认同感，为提升居民生活品质提供坚实支撑。

农业农村现代化不仅是乡村物理空间的现代化，更是注重人的现代化，满足人民对文化、精神、健康、生态等多方面的现代化需求，即实现人的全面发展。在全面推进乡村振兴的过程中，坚持农民主体地位，不断增强乡村居民参与乡村振兴的能力和内生动力，提升农民综合素质与能力，积极适应现代化时代要求。并通过完善制度、优化环境、健全机制，迎接乡村振兴时代带来乡村空间人口结构重塑而产生的、延伸的、拓展出的环境对农村现代化的新要求，包括思想观念、社会心态、服务格局及价值等维度的要求。

（三）美丽乡村和美丽经济时代

生态宜居是乡村振兴的内在品质，是乡村振兴的基础条件。绿色经济是乡村产业发展、基础设施建设、生活方式的底色。中国要美，农村必须美。推动乡村经济发展，决不能以牺牲乡村生态环境为代价，而要实现经济发展与环境保护相互促进。这就要求牢固树立和贯彻落实"绿水青山就是金山银山"理念，科学认识和把握美丽乡村建设与经济发展之间的辩证关系，将经济发展与生态文明建设有机融合，努力实现美丽乡村建设与经济高质量发展相得益彰。

坚持绿色发展。绿色发展理念既要坚守生态环境底线，不以牺牲生态环境为代价实现发展，又要充分利用生态环境，让生态环境优势充分转化为经济发展优势。在绿色发展理念引领下，探索"自然、经济、社会、文化、生态"相融合的绿色发展格局，形成生态经济＋城乡生活、生态经济＋乡村旅游经济、生态经济＋乡村康养等多种形式的复合型绿色经济形态，既要能体现绿水青山的生态价值，又要能呈现生态农业、旅游资源、区位环境等叠加优势，逐步形成公共品牌集群效应，让美丽山川和美丽人居交相辉映。

坚持融合发展。融合发展是现代产业的重要特征，也是实现美丽乡村建设与经济高质量发展相得益彰的基本路径。融合发展需要突破传统产业边界、城乡空间边界和要素功能边界，形成生态、城乡、产业生命共同体，就地化推动一二三产业融合发展和多功能聚合融合发展，实现产村融合、产城融合、区域融合、城乡融合，追求生产要素、生态要素、文化要素、生活要素相互融合、共生共荣。

坚持创新发展。顺应大众旅游时代和乡村微度假、微旅游趋势，结合时代背景，乡村振兴的创新发展须注重发挥乡村人才作用和乡村优良民俗底蕴，在消费理念和城乡融合时代机遇中，打造城乡融合功能载体，发展庭院经济与乡村新型服务业，逐步促进农业就业人口向第三产业从业者的转变，农村传统生活方式向现代生活方式转变。并通过合作社、联合社、理事会、促进会等新型组织，发挥好村民自治组织的乡土社会作用，将乡风文明与治理有效紧密结合，将乡村治理与现代企业运营结合，推动乡村农业产业、乡村文化旅游、颐养健康产业发展，助力美丽乡村建设与乡村经济高质量发展。

（四）城乡融合和产业融合时代

实施乡村振兴战略，推进城乡融合发展，坚持正确路径是根本。要实现产业兴旺、生态宜居、乡风文明、治理有效、生活富裕的总要求，重塑城乡关系，重塑乡村结构，必须走城乡融合发展之路。通过搭建城市与乡村之间配套设施，实现城乡互联互通，形成城乡融合发展格局。充分发挥区位优势，挖掘自身资源特色、产业基础，引导城市消费下乡、城市资本下乡、城市人才下乡。依托各地区具有地方特色的优质品牌做好精深加工，提升品质原粮加工等级和产品附加值，并利用专业营销团队和互联网平台，打通城乡融合多元渠道与平台体系，有力推进区域农副产品上行，直达千家万户。扩大农业产业的国际交流与合作，促进农业产业链的国际延伸，提升农产品整合营销能力和附加值。加快特色旅游开发，促进农业与旅游产业、康养产业的深度融合，把握好大众旅游时代对乡村承载力和乡村功能转型升级的要求。架构满足城乡融合的功能载体和配套体系，努力建设和规划布局合理、基础设施完善、环境生态优良、公共服务均等、城乡融合适配的乡村空间新场景，承接城市资源要素下沉对乡村的新需求。

促进农业与二、三产业融合发展，走好产业融合发展之路。针对解决长期困扰我国农业发展步伐的产业链短、营销力弱、价格低廉等问题，深入推进农业供给侧结构性改革，推进农业与二、三产业融合发展，是加快转变农业发展方式的重要抓手，是拓宽农民收入渠道的重要途径。继续提升农业产业的集约化发展水平，发展多种形式适度规模经营，培育新型农业经营主体，使农业增收的方式从"增产为主"转变为"提质为主"。推动农民合作社由生产型向生产经营型全面转变，提升农业产业的合作化、规模化、现代化、市场化经营水平。健全农业社会化服务体系，实现小农户和现代农业发展有效衔接。依据乡村的资源优势、地域优势和发展过程中积累的比较优势，因地制宜确定自己的主导产业，创建区域公共品牌，形成能够充分利用自身资源并符合市场需要的产业结构和特色产业，满足城乡居民对美好生活的需求，加快提高农业综合生产能力，在保障国家粮食供给安全的前提下，推进农村产业升级、资源整合、科技进步和乡村多元发展。

（五）消费引领的新业态时代

伴随我国以网络购物、移动支付、线上线下融合等新业态、新模式为特征的新型消费迅速发展，特别是面临新冠肺炎疫情常态化的现实形势，传统接触式线下消费受到影响，新型消费发挥了重要作用，有效保障了城乡居民日常生活需要，推动了国内消费恢复，促进了经济企稳回升。但新型消费领域发展还存在基础设施不足、服务能力偏弱、监管规范滞后等突出短板和问题。推进互联网通信基础设施建设，实现5G网络全覆盖，补齐新型消费短板，以"互联网＋农业""互联网＋服务"为途径，以新业态、新模式为引领加快新型消费发展，推进精准农业和农产品电子商务发展，拓宽增收渠道，并以此为契机带动乡村物流商贸、新型服务业、泛三产业等乡村产业加快发展。

2020年9月21日，国务院印发的《关于以新业态新模式引领新型消费加快发展的意见》提出，经过3~5年努力，促进新型消费发展的体制机制和政策体系更加完善，通过进一步优化新业态新模式引领新型消费发展的环境，进一步提升新型消费产品的供给质量，进一步增强新型消费对扩内需稳就业的支撑。到2025年，培育形成一批新型消费示范城市和领先企业，商品网上零售额占社会消费品零售总额比重显著提高，"互联网＋服务"等消费新业态新模式得到普及并趋于成熟。

推动线上线下消费有机融合。进一步培育壮大各类消费新业态新模式，建立健全"互联网＋服务"、电子商务公共服务平台，加快社会服务在线对接、线上线下深度融合。有序发展在线教育，推广大规模在线开放课程等网络学习模式，推动各类数字教育资源共建共享。积极发展互联网健康医疗服务，大力推进分时段预约诊疗、互联网诊疗、电子处方流转、药品网络销售等服务。鼓励传统线下文化娱乐业态线上化，支持互联网企业打造数字精品内容创作和新兴数字资源传播平台。鼓励发展智慧旅游，提升旅游消费智能化、便利化水平，培育在线健身等体育消费新业态。进一步支持依托互联网的外卖配送、网约车、即时递送、住宿共享等新业态发展。加快智慧广电生态体系建设，培育打造5G条件下更高技术格式、更新应用场景、更美视听体验的高新视频新业态，形成多元化的商业模式。创新无接触式消费模式，探索发展智慧超市、智慧商店、智慧餐厅等新零售业态。

推动线上线下融合消费双向提速。支持互联网平台企业向线下延伸拓展，加快传统线下业态数字化改造和转型升级，发展个性化定制、柔性化生产，推动线上线下消费高效融合、大中小企业协同联动、上下游全链条一体发展。引导实体企业更多开发数字化产品和服务，鼓励实体商业通过电子商务、社交营销开启"云逛街""元宇宙"等新模式和应用场景。加快推广农产品"生鲜电子商务＋冷链宅配""中央厨房＋食材冷链配送"等服务新模式。组织开展形式多样的网络促销活动，促进品牌消费、品质消费。

鼓励企业依托新型消费拓展国际市场。推动电子商务、数字服务等企业"走出去"，加快建设国际物流服务体系，统筹推进国际物流供应链建设，开拓国际市场特别是"一带一路"沿线业务，培育一批具有全球资源配置能力的国际一流平台企业和物流供应链企业。充分依托新型消费带动传统商品市场拓展对外贸易、促进区域产业集聚。鼓励企业以多种形式实现境外本土化经营，降低物流成本，构建营销渠道。

（六）生态文明和健康中国时代

实现中华民族永续发展，始终是我们孜孜不倦追求的目标。党的十八大以来，我们坚持"绿水青山就是金山银山"的理念，全面加强生态文明建设，推进国土绿化，改善城乡人居环境，美丽中国正在不断变为现实。同时，我们也要看到，生态系统保护和修复、生态环境根本改善不可能一蹴而就，仍然需要付出长期艰苦努力，必须锲而不舍、驰而不息。

农业农村现代化是人与自然和谐共生的现代化。在习近平总书记关于决胜全面建成小康社会、坚定不移贯彻新发展理念、在发展中保障和改善民生、建设美丽中国等系列重要论述中，深刻阐述了生态文明建设的重大意义，体现为子孙后代着想的殷殷情怀。学习这些新理念、新思想、新战略，深刻认识良好的生态环境是人类健康与生存的基础，"绿水青山就是金山银山"是精神财富、物质财富，是可持续发展的基础。

在阔步迈进中国特色社会主义新时代，人民对美好生活的向往需求日益广泛，城乡居民比以往任何时候都更渴望、更关注清新的空气、干净的饮水、安全的食品、优美的环境，生态文明建设既是国家战略，又与每个人息息相关。需要我们将生态涵养意识植根心中，自觉做生态文明建设的践行者、推动者，自觉珍爱自然、积极保护生态。人与自然是生命共同体，自然资源是人类发展的基础和前提。"舟循川则游速，人顺路则不迷"，人类应该顺应自然、保护自然，因为一旦伤害了自然，最终必然伤及我们自身，甚至伤及子孙后代发展的根基。

全面实施乡村振兴战略，肩负着实现"双碳"目标的责任和使命。2020年习近平总书记在第75届联合国大会上提出，中国将力争在2030年前实现碳达峰、2060年前实现碳中和的目标。碳达峰、碳中和对全球来说既是一场能源革命，更是一场经济与社会革命。在生态环境保护措施上，由末端治理向源头控制转变，倒逼能源结构、经济结构、产业结构改变。在生态环境质量上，遏制污染恶化取得历史性、转折性的成就。降碳引领经济社会的发展和全面绿色转型，污染防治、生态环境保护、应对气候变化进入到源头管控、过程优化、末端治理、废物循环四个环节同时发力的新阶段，也进入到产业结构、能源结构、交通运输结构、用地结构加快调整的新阶段。这一目标和当前发展形势既考验政治家的战略决断能力，也考验社会各界的深刻理解能力与战略落地的创造能力，更考验企业家和金融家的市场趋势把控能力。就我国经济发展而言，怎样在顺应新能源发展趋势的前提下谋划好"碳达峰、碳中和"的大局，是事关未来一百年全球竞争战略优势能否形成的关键举措。

在全面实施乡村振兴与"双碳"目标等战略目标驱动下，农业农村现代化建设要践行绿色低碳发展的责任和使命，全面推动节能减排和农村农业低碳化升级。在城乡融合发展中，乡村是绿色低碳发展的主战场，要深刻理解能源新趋势和国家实施的举措与计划安排，抓住市场发力机会、区域布局融合机会、产业结构调整机会、可再生能源实施机会，全面谋划时代使命担当。

（七）创新文化改革时代

文化是历史传承，也是时代基因，始终反映时代精神、时代潮流。只有坚持创造性转化、创新性发展，不忘初心、牢记使命、开拓未来，更好构筑中国精神、中国价值、中国力量，为人民提供精神指引，才能铸就中华文化新辉煌。

改革创新中华文化体制。深化文化体制改革，完善文化管理体制，加快构建把社会效益放在首位、社会效益和经济效益相统一的体制机制，推动文化事业繁荣、文化产业快速发展，不断丰富人民精神世界，增强人民精神力量。推动公共文化服务标准化、均等化，坚持政府主导、社会参与、共建共享，完善公共文化服务体系，提高基本公共文化服务的覆盖面和适用性，切实保障人民群众基本文化权益。大力推动文化领域供给侧结构性改革，推动文化产业高质量发展，健全现代文化产业体系和市场体系，推动各类文化市场主体发展壮大，培育新型文化业态和文化消费模式，增强文化整体实力和竞争力。

推进中华文化品牌化。绿色发展方式与生活方式的创新，需要在加快构建新发展格局中推进文化品牌化。乡村振兴，文化是内涵诉求，要高度重视传统文化品牌化、产业化。坚持把社会效益放在首位，牢牢把握正确导向，守正创新，大力弘扬和培育社会主义核心价值观，努力实现社会效益和经济效益有机统一，确保文化持续健康发展。需要以文化为核心，促进文化新产业、新业态载体跨界融合、多元展现。全力维护全球化和多边贸易体制下的文化发展，着力构建完整的文化消费市场体系，扩大高水平开放。

推进中华文化主题化。中国故事精彩的主题，是讲清楚中国共产党为什么"能"、马克思主义为什么"行"、中国特色社会主义为什么"好"。主动宣介中国特色社会主义思想，主动讲好中国共产党治国理政的故事、中国人民奋斗圆梦的故事、中国人民同心抗疫的故事、中国坚持和平发展合作共赢的故事，让世界更好地了解中国。开展全民绿色行动，倡导简约适度、绿色低碳的生活方式，反对奢侈浪费和不合理消费，形成文明健康的生活风尚，形成"绿水青山就是金山银山"的健康生态发展观，讲好中国故事。

（八）互联网＋数字乡村革命时代

信息化是以建设网络强国、数字中国为目标。智能化、大数据、云计算、物联网等新技术不断涌现，信息网络技术和服务成为经济发展的主要推动力，使各个产业的技术基础发生革命性变化，正是我国所面临的现代化关口。中国特色社会主义现代化不仅要求发展新一代的信息技术和信息产业，还要求推动互联网、大数据、人工智能和实体经济深度融合。现代工业和服务业以新一代信息技术和智能化为支撑，以信息化推动产业创新，通过信息技术对传统产业进行升级改造。

以乡村振兴实现信息化，需要以互联网和数字乡村为时代背景，需要从基础设施建设、数字政务、城乡数字鸿沟、信息人才培养、乡村大数据平台、数字乡村文化建设以及建立健全数字化乡村治理体系等方面提出数字乡村建设的发展路径，为政府部门建设数字乡村提供决策支持与参考。乡村产业发展、新业态培植、业务构建等微观领域，需要更加精准的数字赋能，来为运营管理、市场研判提供决策依据，尤其是需要在局部有所突破，在全局努力探索。

数字乡村不仅是乡村振兴战略方向，也是建设数字中国的重要内容。互联网在乡村的快速普及和大数据技术的应用使城市和乡村联系越来越紧密，城乡联动、融合发展在技术上成为可能。当前，乡村信息化还处于公共信息阶段，要完全实现且与乡村五大振兴融合一体，还有很长的一段路要走。数字乡村，关键在于了解乡村，了解乡村发展将走向何处，才能建设出真正的数字化乡村。数字乡村与数字城市最大区别在于乡村的松散性和差异性，数字乡村的基础是乡村，是需要建立在乡村治理和乡村运营体系基础之上的，只有运营模型与逻辑成型，才有数字化赋能实施的条件。

典型案例

三瓜公社坐落于中国四大古温泉之一、著名的温泉疗养胜地——半汤，与半汤温泉紧邻的是国家 4A 级旅游景区——郁金香高地。三瓜公社的改造范围共有 10 平方千米，涵盖半汤街道部分区域以及周边十多个村。为了实现自己的建设理念"把农村建设得更像农村"，当地主管部门通过"互联网＋三农"，把三瓜公社打造成了一个三产业与农旅结合的美丽乡村，如表 1-1 所示。

表 1-1 三瓜公社产出规则

村庄	板块	内容
南瓜电商村	安徽电商第一村	三瓜公社充分发挥产业集聚效应，引进安徽京东扶贫馆、邮乐农品、甲骨文、微创联盟等多家电商总部，建设电商基地，开发当地农特产品，整合包装名优特产资源，建立统一的电商分装库和物流中心
	农特产品大村	开辟出冷泉鱼、温泉鸡、茶、山泉花生等 30 多个产业基地。围绕半汤本地特色产品和基地的建设，开发茶、泉、农特产、文化四大系列一千多种半汤特色产品和旅游纪念品
	互联网示范村	互联网＋技术应用，结合物联网、云计算和移动互联网等新兴业务，全面开发具有典型示范作用的互联网应用，带动地方就业和经济增长，建成美丽乡村示范
	电商培训	侧重于县域电商、乡建和农旅培训
冬瓜民俗村	半汤六千年民俗馆	保护和传播巢湖地区六千年农耕文化、民俗文化、古温泉文化、半汤养生文化、地方建筑文化、美食文化
	有巢印象	有巢氏文化繁衍而生的古巢国，依稀可见当年的灵气与神秘。遗址遵循古代有巢氏生活场景，让游客立体化体验有巢氏文化
	传统手工艺坊	将半汤传统的油坊、布坊、茶坊、酒坊、篾坊、陶坊、烤茶等 40 多个手工艺作坊和场景再现，恢复部分民间手工艺，还原传统农村的生活景象

（续）

村庄	板块	内容
冬瓜民俗村	主题农业带	打造200余公顷观光、体验、旅游三个主题农业带，观光农业带侧重打造四季可观光的农作物；体验农业带侧重于各种采摘、耕种体验；旅游农业带主要进行认植、认养、认种
	二十四节气馆	二十四节气馆分为上下两层结构，第一层是以图文资料的形式展现中国汉民族的节气文化，以及二十四节气所衍生的民俗活动。第二层打造成以VR形式展现二十四节气相关的节气活动，让游客身临其境
	祭祀广场	二十四节气中当地人在每个节气都有自己的祭祀习俗。祭祀台在每个节气时都会开展相对应的祭祀活动，祈祷风调雨顺，祈求家人平安
	游客服务中心	分为游客服务中心和农特产品展销中心，游客服务中心是为游客提供休憩与咨询服务的地方；在农特产品展销中心游客可购买特色农特产品
	焦波艺术馆	在浓厚的艺术氛围中感受乡村情怀，在父母的时光影像中挖掘时代的变迁，在焦波艺术馆，感受人文摄影的魅力
西瓜美食村	80户风情民居民宿	在西瓜村原有风貌的基础上进行"一户一特"的重新定位与设计，打造不同风格的民宿体验
	60家特色农家乐	通过改造60余家体验式农家乐，做好游客服务承接的同时，又带动整个村子的创业和就业，让当地村民共同致富
	10处心动客栈酒店	三瓜公社，赏民俗，尝特产，体味民俗的质朴快乐。秉承"一户一特"的理念，建设10余处风格别致的客栈酒店

（一）产业规划

1. 南瓜电商村：电商村/农特产品大村/互联网示范村

三瓜公社把南瓜村重点打造成安徽的电商特色小镇。早期，被称作"电商村"，后来省发改委下发文件，批准南瓜村为"安徽第一批电商特色小镇"，即"三瓜公社"电商特色小镇。

目前，已经入驻的电商企业包括自有的"三瓜公社"官方旗舰店、天猫官方旗舰店、京东、甲骨文等，还吸引了微创全国联盟、创客空间，以及大量文创基地、乡村酒吧和特产销售门店入驻。

2. 冬瓜民俗村：半汤六千年民俗馆 / 古巢国遗址 / 手工作坊群

挖掘还原巢湖地区 6 000 年的农耕民俗文化。据考古资料，上古时期的有巢氏就曾经活动于半汤区域，因此就在这里打造一个半汤六千年民俗馆。

在郁金香高地景区旁边建设了"古巢国印象"景区，在景区中有部落礼堂等含有上古文化元素的建筑，通过具象的实体建筑展现古巢国文化。

建立各种手工艺作坊，在作坊里呈现很多的传统手工艺，饮食方面涉及麻花、焦糖、麻油、菜籽油、酱油和醋等，除了这种制作和吃的有关的手工作坊以外，还有体验性作坊，比如陶坊、布料坊和染坊等。这里的每一个手工坊里都有相关的手艺人，他们是民俗文化最有力的传承者与展现者。

另外，还引入客栈、民宿、温泉养生、旅游度假等乡村旅游服务业，打造以体验半汤地方传统农耕民俗文化为特色的村庄发展模式。

3. 西瓜美食村：80 户风情民居民宿 /60 家特色农家乐 /10 处心动客栈酒店

西瓜村面积较大，房子数量多，对农户的房子加以改造，在这个村里打造 80户风情民居民宿。不仅如此，还吸引大型的酒店入驻，让来到这里的游客除了能选择体验当地特色风情民宿，也能体验城市星级宾馆的标准。

打造 60 家特色的农家乐。其中，山泉鱼庄有着独特的经营模式：农家乐提供锅灶等硬件工具，游客自己可以垂钓或者捕捞鲜鱼，然后自行烹饪。由于这些鱼的体形都比较大，游客自行烹饪前，还需要对鱼头和鱼身进行分离，这时可以请这里的厨师帮忙，制作成鱼片或鱼丸，再来点蔬菜，游客一家人便可以根据自己的口味制作鱼锅了。

有间客栈。其风格以武侠为主，每个客房上面的门牌号，包括编号，都以武侠的人物及其派别为背景，比如，武当派、华山派、丐帮等。每个房间也都是以武侠人物为背景。

（二）该模式走向成功的关键

三瓜公社以"互联网＋三农"为实施路径，大力发展现代农业，通过电子商务打开当地农特产品大市场，吸引年轻人返乡创业，新农人入乡创业，成立农民专业合作社，进行优质特色农产品生产，带动加工，让村民足不出户把产品卖向全国。其以电子商务为抓手，依托南瓜电商村，建设线上线下店铺，建立创客中心，吸引年轻人返乡加入到电子商务就业创业平台，通过电子商务，驱动农产品加工和生产。

1. 互联网＋农民

带动当地的就业。三瓜公社鼓励特色双创，吸引在外地打工创业的年轻人回乡创业、回乡就业，吸引外面的创客能人入乡改变半汤原本的"空心村"面貌。

激发创业。三瓜公社建立初期，鼓励在外的年轻人回来与他们一同创业。他们帮助创客搭建销售体系，开发产品，请导师进行培训。

对农产品进行开发。主要以当地产品为主，把当地的农产品开发成商品，增加产品的议价空间，增加产品附加值。

打造多个产业基地。已经建成多个产业基地，比如桃园基地、茶树基地等；同时，还跟农民共同建立了专业合作社，例如花生合作社、大豆合作社和芝麻合作社等，主要是让农民参与进来。

2. 互联网＋农村

加强硬件建设。2015 年时这里还是一个"空心村"，只有老人和小孩，年轻人都出去打工了。为了改变这种局面，当地主管部门进行了道路硬化，打造了便利的交通设施，又改变了农村的旱厕，引进自来水、高压电线和网络，让农村更加宜居。

加快提升农村的"软件"设施。为了吸引当地的年轻人回家创业，当地政府创建更加有利的就业和创业环境，规划了很多特产销售门店，帮助创业者规划卖什么产品、想卖什么产品,协助他们产品开发,办理相关手续等,让创业者的道路越来越平顺,一起把产业办起来。

推动智慧旅游,与农旅完美结合。当地的一些产品和农旅实现了完美结合,推动产业调整。例如:当地油菜的比重很小,形不成规模,当地的主管部门扬长避短对整个农田重新进行规划,分季节和时令开发这片区域的美景与卖点。当春季油菜花盛开时,能吸引众多游客来参观油菜花;然后,开发各类的油菜花蜜、菜籽油、菜籽饼等,告别了单一的销售模式。

3. 互联网 + 农业

为了更加合理地安排农业生产,需要弄清楚供需情况,做科学的规划。

首先分析各个区域适合的农作物,因地制宜。比如,现在的郁金香高地过去就是荒凉地,土质不适合种庄稼,一直闲置,后来经过科学分析,这里适合郁金香的种植,便将其打造成了国家 4A 级景区。如今每到春季的周末,这里一天的客流量就能达数十万,极大地带动了相关产业的发展。此外,运用技术推广有机农业,将原来施用的化学肥料转变成生物肥料,培育出绿色有机无污染的西瓜,再配合营销手段,极大地提高了西瓜的盈利空间。

三瓜公社注重品牌的打造。三瓜公社对已经落地的项目都注册了品牌,还对一些特色项目进行了保护性注册,而这些特色项目的产品也得到了市场的认可,销量连年攀升。

三瓜公社充分发挥龙头企业的示范引领作用,以合作社为纽带,将农户种养、生产加工和电商销售有机整合在一起,带动周边村民大力开展订单农业,快速实现致富。围绕农民专业合作社、农产品种植标准化、农产品加工销售等,打造农产品生产标准化基地,引导农民或农产品加工企业按照标准要求对农产品进行加工。

第二章

乡村振兴的内涵逻辑

全面建成小康社会，承载中华民族孜孜以求的千年梦想，体现当代中国人民的共同期盼，彰显中国共产党团结带领中国人民为理想目标不懈追求、不懈奋斗的坚定意志和坚实步伐。为矢志不渝坚守为人民谋幸福、为民族谋复兴、为世界谋大同的初心使命，一代又一代中国共产党人艰苦卓绝、持续奋斗、砥砺前行，接续创造了新民主主义革命、社会主义革命和建设、改革开放和社会主义现代化建设、新时代中国特色社会主义的伟大成就，深刻改变了近代以后中华民族发展的方向和进程，深刻改变了中国人民和中华民族的前途和命运，深刻改变了世界发展的趋势和格局。

一、新型城镇化的内涵逻辑

城镇化是人类历史上最伟大的诗篇，以城镇化发展农村，带来了就业的机会、发展的机遇、宜居的环境和多彩的生活。新时代新型城镇化强调以人为核心的城镇化，把进城农民的市民化作为突破口，让进城的农民与城市居民享有同样的基础设施和公共服务。新型城镇化在实现人口聚集的同时，也是在实现城市人才、资源要素、技术创新等的聚集，以此推动乡村产业发展、乡村治理模式转变，实现乡村和谐有序健康发展。新型城镇化趋势与社会经济发展、城乡居民生活水平提高紧密融合，是时代发展的内在必然需求，也是时代发展的内生动力。作为实施乡村振兴战略和城乡融合发展主要的承载平台，各地应因地制宜从全局中谋划好城镇化路径。

城镇化是现代化的必由之路，是我国最大的需求潜力所在，对推动经济社会平稳健康发展、构建新发展格局、促进共同富裕都具有重要意义。党的十八大以来，以习近平同志为核心的党中央明确提出实施新型城镇化战略，走以人为本、四化同步、优化布局、生态文明、文化传承的中国特色新型城镇化道路。在实现现代化的发展道路上，我国要深入推进以人为核心的城镇化战略，坚定不移走中国特色城镇化道路，在实现脱贫攻坚、全面实现小康征程上，让城乡居民的幸福感、获得感、安全感不断增强。近十年来，在各方的共同努力下，我国新型城镇化建设取得了一系列重大历史性成就，1.3亿农业转移人口在城镇落户，农业转移人口市民化成效显著，城镇化空间布局持续优化，"两横三纵"城镇化战略格局基本形成，城市可持续发展能力持续增强，城乡融合发展体制机制和政策体系基本确立。城镇化水平和质量的大幅提升，为全面建成小康社会、全面建设社会主义现代化国家提供了强大动力和坚实支撑。

目前，城区常住人口 300 万以下城市的落户限制取消，城区常住人口 300 万以上城市的落户条件有序放宽。户籍制度改革进一步深化，农业转移人口城镇化进程不断加速。2021 年，我国常住人口城镇化率达到了 64.7%，户籍人口城镇化率提高到 46.7%，有一大批在城镇稳定就业生活的农业转移人口落户。在脱贫地区，通过城镇化巩固易地搬迁扶贫成果，让易地搬迁的居民更好地融入城镇生活，实现安居乐业。在经济发展较好的东南沿海区域，特色小镇、功能型小镇的发展为更多城乡居民创造了幸福生活的美好场景。这些实践已为新时代新型城镇化发展探索出比较好的路径模式，形成较好的满足城乡居民需求功能载体与生活服务平台。多样性的城镇化探索，为实施乡村振兴战略和城乡融合发展提供了可借鉴、可参照的多元路径选择。

综合全局来看，中国已有的城镇化基本上属于农民进城的城镇化。未来，需要根据以人为核心的城镇化要求，推进农业转移人口的市民化。现有的大中城市无力解决数量巨大的农业转移人口的市民化，可行的路径是农业转移人口进入当地城镇实现市民化，而这也就对城镇化提出了新要求，要增强小城镇产业发展、公共服务、吸纳就业、人口集聚的城市化功能。城市是现代化的中心和策源地，是科技和文化的创新中心，是人流、物流、信息流和资金流的集聚地。同时，也是周边农村现代要素的集散地，因此可以将其现代化势头和要素推向农村，带动农业农村现代化。

《乡村振兴战略规划（2018—2022 年）》提出，要因地制宜发展特色鲜明、产城融合、充满魅力的特色小镇和小城镇。2018 年 9 月 22 日，习近平总书记在十九届中央政治局第八次集体学习时指出，促进新型城镇化，必须是城、镇、村的协同发展。作为连通乡村和城市的桥梁，小城镇的发展是新型城镇化建设的关键，是解决"三农"问题和大城市病的重要载体，是破解城乡二元结构、实现城乡统筹、促进城乡一体化发展的突破口。这是我国进入新时代后，对新型城镇化注入的新的内涵与时代要求，也反映出城乡居民多元化需求的客观现实。新型城镇化战略，就是将城镇的功能进一步向乡村延伸，乡村全面振兴促进农村人口向城镇集聚发展，产业向园区集中，以新型城镇化为功能载体，基础设施和公共服务均等化，实现城乡居民融合共生，带动周边产业融合发展。

2020 年，党的十九届五中全会提出新型城镇化战略，要构建国土空间开发保护新格局，构筑"三区三线"，推动农业空间、生态空间、生活空间区域协调发展，促进以人为核心的新型城镇化全面展开。2021 年中央 1 号文件提出，要加快小城镇发展，完善基础设施和公共服务，发挥小城镇连接城市、服务乡村的作用，推动在县域就业的农民工就地市民化，增加适应进城农民刚性需求的住房供给。新型城镇化是"十四五"期间实现城乡融合发展的一个重要载体，而县城是我国推进城镇化的重要空间、城镇体系的重要一环、城乡融合发展的关键纽带，是强化统筹谋划和顶层设计、破除城乡分割的体制弊端、加快打通城乡要素平等交换和促进双向流动的制度性通道。"十四五"期间将有 6 000 万人在新型城镇实现安家就业。县城代表着我国经济社会发展的底色，也是基层治理的基本场域，具备统筹资源开发、基础设施、公共服务、经济布局、生态保护等方面的功能，是各种要素在城乡之间流动的重要节点。打通县域要素流动渠道，完善县域基础设施和公共服务，发挥县城"上连城市，下连乡村"的优势，可为新阶段推进乡村振兴和城乡融合开创新局。

2022 年 5 月，《关于推进以县城为重要载体的城镇化建设的意见》全面而系统地提出了县城建设的指导思想、工作要求、发展目标、建设任务、政策保障和组织实施方式。县城位于"城尾乡头"，是连接城市、服务乡村的天然载体。推进县城建设，既有利于顺应农民日益增加的到县城就业安家需求的现实趋势，又有利于辐射带动乡村发展和农业农村现代化，也有利于强化县城与邻近城市的衔接配合，推进县域内城乡融合发展，加快农业农村现代化。我国到了工业反哺农业、城市支持乡村的发展阶段，要站在县域角度全面谋划城乡融合发展的体制机制，开展高质量新型城镇化建设。

全面提高城镇化质量，加快城镇化转型，走高质量的新型城镇化之路。2022 年 7 月，国家发改委印发了《"十四五"新型城镇化实施方案》，方案深入贯彻《中华人民共和国国民经济和社会发展第十四个五年规划和 2035 年远景目标纲要》和《国家新型城镇化规划（2021—2035 年）》，提出：坚持走以人为本、四化同步、优化布局、生态文明、文化传承的中国特色新型城镇化道路，明确"十四五"时期深入推进以人为核心的新型城镇化战略的目标任务和政策举措；坚持以工补农、以城带乡，以县域为基本单元、以国家城乡融合发展试验区为突破口，促进城乡要素自由流动和公共资源合理配置，逐步缩小城乡发展差距和居民生活水平差距。要推进以县城为重要载体的城镇化建设，支持一批条件较好的县城重点发展，更好地满足农民到县城就业安家的需求和县城居民生产生活需要。

实施新型城镇化，在研究政策的基础上，要深刻理解新型城镇化的内涵要义。《国家新型城镇化规划（2021—2035 年）》提出要建设各具特色、具有活力、宜居宜业、现代化的县城。具体来说，大城市周边县城，按照卫星县城功能配置；专业功能县城，按照产业新城方向建设；农产品主产区县城，压舱石县城，按照压舱石功能保障；重点生态功能区县城，按照生态涵养县城建设；人口流失县城，按照转移发展县城定位。从新型城镇化趋势来看，我国经济社会发展到一定程度后，伴随乡村振兴和城乡居民生活上的富裕富足，人们对生活形式、生产方式、生态环境的客观需要发生了变化，因此需要有一个不同于城市功能的载体满足城乡居民要求，而小城镇也就由此产生。如果站在城市和乡村来看，县域融合功能型小城镇，大城市群卫星镇，都是在发挥连接城市、服务乡村的作用，从而推动城乡融合发展。小城镇比乡村更方便、比城市更温暖，目标群体更清晰，产业定位越加准确、功能配置更全面。

《乡村振兴促进法》提出，各级人民政府应当协同推进乡村振兴战略和新型城镇化战略的实施，整体筹划城镇和乡村发展，科学有序统筹安排生态、农业、城镇等功能空间，优化城乡产业发展、基础设施、公共服务设施等布局，逐步健全全民覆盖、普惠共享、城乡一体公共服务体系，加快县域城乡融合发展，促进农业高质高效、乡村宜居宜业、农民富裕富足。在市场上有需求、新时代发展有要求的前提下，国家提出新型城镇化意见和实施方案，将新型城镇化打造成具有中国特色社会主义城镇化道路。这是未来持续要做的事，也是立足当下必须要做的事。新型城镇化目标、任务、举措一并提出，时间表、路线图、权责单位、社会参与一揽子都装入新型城镇化战略格局中。

当前，我国城镇化已经处于快速发展的中后期，正处于深入推进新型城镇化、顶层谋划新时期新型城镇化发展战略与方针的关键时期。在新发展阶段，我国城镇化正进入深水区，正转向全面提升质量的新阶段，正在由过去的高速城镇化转向高质量城镇化，城镇化动力仍然强劲，蕴含着巨大的内需潜力和强大的发展动能。同时，城镇化道路上也面临着各式各样的问题，需要创新性地解决，需要有破有立。而这些问题解决的过程，也是抢抓机遇的过程。国际理论上，城市、小镇、乡村三级的互动是社会良性发展的保障，我国也不例外。我国实施新型城镇化，必须是城市、小镇、乡村的协同发展，是乡镇城融合共荣的系统工程。作为连通乡村和城市的桥梁，小城镇的发展是新型城镇化建设的关键，是解决乡村振兴和城乡融合的重要载体，是未来美好生活展现的重要平台。

"十四五"时期，我国仍处在城镇化快速发展期，城镇化动力依然较强，与此同时，城镇化质量亟待进一步提升，城镇化发展面临的机遇动力和问题挑战并存。《"十四五"新型城镇化实施方案》明确了"十四五"时期推进新型城镇化的目标任务和政策举措，并强调了要推动城镇化质量不断提高。旅游业"十四五"规划提出，在城镇规划布局中，围绕推进以人为核心的新型城镇化和美丽乡村建设，提高空间配置效率，优化旅游休闲功能，合理规划建设特色旅游村镇，因地制宜推动乡村旅游差异化、特色化发展。坚持质量为导向的新型城镇化战略，增强中心城市和城市群综合承载能力、资源优化配置能力，促进大中小城市和小城镇协调发展，提升城市治理水平，推进以县城为重要载体的新型城镇化建设，强化县城综合服务能力，把乡镇建设成为服务农民的区域中心。加快县域内城乡融合发展，推进以人为核心的新型城镇化，推动在县域就业的农民工就地市民化，增加适应进城农民刚性需求的住房供给，推进多元功能聚合，营造宜居、宜业、宜游、宜养的乡村生活新空间。

城市群、都市圈内的小城镇要因势利导地规划和推进发展，进一步提升人口经济综合承载能力。城市群、都市圈是新型城镇化发展的主战场和主体形态，是中国参与国际竞争和全球化分工的中坚力量。但在城市群、都市圈内的核心城市中心城区，往往存在人口承载能力已经接近上限、交通拥挤等现象。城市群、都市圈内的小城镇可以因势利导，承接核心城市的产业外溢，促进先进制造业和现代服务业的发展，进一步加强城镇基础设施和基本公共服务能力建设，符合条件的可以适当加快行政区划调整步伐，提高这类小城镇经济社会活动的综合承载能力，有序承接核心城市的人口和产业疏解，与核心城市实现共赢发展。

大中城市周边小城镇要突出比较优势，建设功能齐全、特色鲜明的城乡融合节点。党的十八大以来，在四大板块基础上深入推进长江经济带、黄河流域、成渝双城经济圈等区域战略，全国区域发展的协调性不断增强。中西部地区以省会城市为代表的大中城市迎来新一轮发展机遇，成为我国区域经济社会发展的重要增长极。大中城市周边小城镇要充分发挥区位优势，对接大中城市市场和产业，挖掘比较优势，如依托丰富的自然资源、秀丽的山水田园、厚重的历史文化积淀等，引导以文化旅游产业、农林渔业、历史民俗风情等为主导产业的特色小城镇发展，建设功能齐全、特色鲜明、配套齐全和能够促进城乡融合发展的小城镇。

大量人口流出地区、发展条件和潜力均不足的小城镇要适当合并。在城镇化发展过程中，一部分地区人口流入和集聚，另一部分地区人口流失和衰退，这是正常现象。对于那些受自然条件、区位因素、发展基础等各种原因的影响，仍以农业经济为主，二、三产业发展严重不足，青壮年人口流失甚至引起人口规模、经济体量出现绝对收缩的小城镇，应科学地分析和评估其发展条件、态势与潜力，并对其未来发展进行科学规划，合理确立小城镇发展的目标、重点和实现路径。适当合并乡镇，提升小城镇要素统筹配置的腹地空间和人口规模，促进小城镇健康发展。

边境、偏远、乡村人口众多等特殊类型地区小城镇需要特殊扶持政策加强巩固。边境地区小城镇发挥着维护国家安全的重要功能，为边境地区的社会稳定提供了重要保障；偏远人口稀少地区的小城镇发挥着物资集散的功能，为分散的广大乡村地区集中提供不可或缺的教育、医疗等公共服务；乡村人口众多地区的小城镇发挥着城乡融合的重要功能，为城乡融合提供了重要支点。要加大对边境、偏远、乡村人口众多等特殊类型小城镇发展的支持力度，有序推进农业转移人口市民化，进一步加强巩固这一类小城镇的人口集聚与经济社会发展等功能，保障国家安全和社会稳定。

我国即使基本实现城镇化，仍将有 4 亿左右的人口生活在农村。因此，在城乡融合发展体制机制和政策体系逐步建立完善的基础上，要坚持以工补农、以城带乡，以县域为基本单元，促进城乡要素自由流动和公共资源合理配置，从而逐步实现城乡经济的一体化，城乡之间边界逐渐淡化，使城乡居民的生活方式和生活水平融为一体。要逐步实现农村土地制度改革基本到位，乡村多元化融资渠道基本建立，就要按照城乡一体的思路来规划设计，城乡基础设施统一规划、统一建设、统一管护，使城乡产业协同发展，乡村新产业新业态实现多元化。而这也将会使农民收入渠道更加多元、增收渠道更加稳健。

城镇化与乡村振兴是不可分割的整体战略，小城镇是乡村振兴推进人口聚集发展的另一个出口。小城镇是连接城市和农村的重要纽带，同时具有城镇和乡村的双重属性，既是城镇不可分割的一部分，也是乡村的重要组成部分，在国家新型城镇化、乡村振兴以及城乡融合发展战略深入推进中具有重要意义。城乡融合发展是发展的客观规律，也是破解发展不平衡不充分的现实需要和重要抓手。小城镇是城市各种资源向乡村辐射扩散的重要节点，也是乡村各种资源流动的枢纽，扮演着为广大乡村腹地提供各种服务的重要角色。因此，小城镇是城乡融合发展的重要战略支点。立足新发展阶段，我们既要客观判断小城镇在中国特色新型城镇化中的地位与角色功能的变化，也要充分认识小城镇在城乡融合发展与推动共同富裕中不可或缺的作用。在"十四五"乃至更长一段时期内，小城镇发展的总体思路是因地制宜、分类引导、挖掘特色、精准施策，统筹推进异地城镇化和就近城镇化，促进小城镇健康高质量发展。

2019 年，田园综合体创始人张诚在经济日报客户端《以"在地村镇化"助力乡村振兴》一文中提出，从人口的角度看，科技进步、产业重构以后有很多人口，也和那些产业一样无处安放。张诚解释道："城市有 2.6 亿多农民工，另外还有大量的产业工人，这些人年龄可能四五十岁，还是传统行业人口，要学会新技能。此外还有 6 亿多在农村生活的人，有年轻人、老人、孩子。随着生活的富裕，他们也需要从乡镇、小城市，一级一级往上进发。在这个过程中，他们也需要工作和生活。""所以，一股力量是从大城市向下甩脱，而另一股力量是从乡村向上进阶，他们都会交汇在小城镇和村镇这个领域里面，这就是乡村振兴的主战场。"

目前，还存在很多低效的行业、产业，但它们在国民经济中依然占有相当大的比例，承载了大量的产值，吸附了大量的从业人员。在严峻的国际竞争环境下，这些产业必须革新，然而又不能一下子完全抛弃。所以就有一些产业需要梯次地疏解到大城市之外的小城市、乡镇。还有另一种力量，有一些新兴产业的价值可能需要更长的时间才能显现，因此需要比较宽容的竞争环境，而非高度竞争的区域更容易为其提供这种土壤，比如产业小镇、科创园区、乡创园。它的产品最终形成竞争力之后，会逐步向人口和信息的密集区发展。"因此，有些产业在疏解，有些产业在向上进化。所以特色小镇的概念，就是产业重新凝聚和组合形成这种汇聚点的表现形态。"张诚表示。

由此看来，在地村镇化就是要形成中国城市化格局当中的大城市、中城市、小城市，以及村镇的网络结构，去完善它们的设施，配置好它们的基础资源。然后分配好它们能够承担的产业，吸附今后发展需要的产业与人口变迁。村镇这一级别，既然是乡村振兴的实施路线当中的重要着眼点，规划与投资就要围绕"在地村镇化"视角下城乡融合的村镇聚居地。村民和镇民，生活在一起，从事他们所能从事的行业，繁衍生息，形成一个个不断演化的村镇产业和人口聚集点。

广东梅州客天下旅游产业园这样一个以美丽的特色小镇为乡镇城互动融合发展平台的例子，集聚了以美好环境为导向的美丽产业，打造生产、生活、生态融

合的美好人居环境，通过精细化运营，打造小镇项目的生态闭环系统，让美丽的
环境成就美好的生活，助力美丽中国建设。

"梅州客天下"位于梅州市梅江区，占地2000公顷，16年前，这里曾是采石
场、废弃的矿坑、养猪场和红砖厂，共计4个村4395人。当地政府创立了"政
府引导、企业主导"的建设模式，以综合型的文化旅游产业园引领城市的发展方
向，已集聚就地安置的村民、持续新增的业主、小镇的老板、股东及员工、产业
合作方、中小型商家、政府领导近8万人，每年有300万人次的游客，他们覆盖
了开发者、建设者、购买者、服务者多种社会关系，相关产业年产值约20亿元。
该地已由原来的低质低效发展模式成功蝶变成国家4A级景区、梅州城市地标和
新名片、闽粤赣三省旅游目的地、中国文旅小镇标杆项目、最成功的国家矿山公
园、全球客家人的精神家园等优质高效发展模式。可以说，"梅州客天下"是国
内最成功的文旅小镇之一，客天下文旅小镇的开发模式可谓是新型城镇化的典
范。这种乡镇城融合模式非常值得借鉴，为中国新型城镇化建设、乡村振兴、城
乡融合发展提供了一个切实可行的案例模板和全新的解决方案。

二、城乡融合的内涵逻辑

实施乡村振兴战略，乡村振兴的主体在乡村，需要发挥农民、村集体、就地
政府的力量。但乡村振兴力量关键在乡村之外，更需要城市的力量，需要城乡融
合带来的力量集聚，包括城市的资本、技术、产业、人才、消费及运营经验下沉
等，这是乡村振兴现阶段必须聚合的力量和有效的实施路径，也是城乡融合发展
基本内容。

（一）城乡融合发展是时代发展的必然阶段

中国已进入城乡融合阶段，应从单向城市化思维向城乡融合思维转变，更加注重城乡之间的联系与相互依赖性，互为依托、全面布局。通过改革城乡二元体制，构建促进城乡融合发展的政策环境，探索不同类型的城乡融合路径，全面对接乡村振兴和新型城镇化。

党的十八大以来，我国城市群和都市圈承载能力稳步提升，京津冀协同发展、长三角一体化发展、粤港澳大湾区建设扎实推进，成渝地区双城经济圈建设势头强劲，长江中游、北部湾、关中平原等城市群加快发展。都市圈内便捷通勤网络逐渐形成，公共服务共建共享水平提升。综合交通运输网络体系不断完善，全国铁路网对 20 万人口以上城市的覆盖率达到 99.1%，"八纵八横"高铁网对 50 万人口以上城市的覆盖率达到 89.9%。城市群都市圈多层次轨道交通网和高速公路网建设、综合交通枢纽多层级一体化发展持续推进。

义务教育阶段公办学校学位持续增加，住院费用跨省直接结算，农民工参加城镇职工基本医疗和养老保险的比例稳步提高，随迁子女在常住地接受义务教育的要求全面落实。城乡统一的居民基本养老保险和医疗保险制度基本建立，绝大多数县实现县域义务教育基本均衡发展，县域内就诊率超过九成，乡村两级医疗机构和人员"空白点"基本消除。城乡基础设施一体化步伐加快，生活垃圾进行收运处理的行政村比例超过 90%。农村居民在城乡之间的发展空间越来越大，上行和下行的渠道全面贯通，既可以安稳留乡，有地种、有房住、能就业、有发展、有未来，又可以踏实进城，能就业、有收入、融入城市。城市群体既可以返乡创业，有平台、有政策、有生活配套，环境更加宜居。城市的发展，辐射和带动了乡村的发展；乡村振兴，支持和促进了城市的持续繁荣。

2017 年习近平总书记在中央经济工作会议上的讲话中提出，乡村振兴的核心就是城乡融合。要建立健全城乡融合发展体制机制和政策体系，加快推进农业农村现代化。要顺应城乡融合发展大趋势，坚持新型城镇化和乡村振兴两手抓，清除要素下乡的各种障碍，加快城乡资源的双向流动、公平对接、平等交换。在鼓励农民进城的同时，鼓励吸收资本、技术、人才等要素向乡村流动，为乡村振兴注入新动能。在推进乡村发展的同时，城乡资源流动的加快淡化了城乡之间的界限，城乡融合格局全面展现。

党的十九大做出建立健全城乡融合发展体制机制和政策体系的重大决策部署，不仅说明城乡融合发展和乡村振兴是长期历史任务，也是当下亟待破冰的开局之选，改革之旅。在这一前提下，城乡融合发展面临的政策红利逐步扩大。2019年5月，中共中央、国务院印发了《关于建立健全城乡融合发展体制机制和政策体系的意见》指出，要按照实现"两个一百年"奋斗目标的战略部署，与乡村振兴战略规划紧密衔接，分"三步走"来实现。到2022年，城乡融合发展体制机制初步建立。城乡要素自由流动制度性通道基本打通，城市落户限制逐步消除，城乡统一建设用地市场基本建成，金融服务乡村振兴的能力明显提升，农村产权保护交易制度框架基本形成，基本公共服务均等化水平稳步提高，乡村治理体系不断健全，经济发达地区、都市圈和城市郊区在体制机制改革上率先取得突破。到2035年，城乡融合发展体制机制更加完善。城镇化进入成熟期，城乡发展差距和居民生活水平差距显著缩小。城乡有序流动的人口迁徙制度基本建立，城乡统一建设用地市场全面形成，城乡普惠金融服务体系全面建成，基本公共服务均等化基本实现，乡村治理体系更加完善，农业农村现代化基本实现。到本世纪中叶，城乡融合发展体制机制成熟定型。城乡全面融合，乡村全面振兴，全体人民共同富裕基本实现。

城乡融合政策体系的逐步健全，一系列配套政策的出台，能更好地激发农村发展活力、优化农村发展环境，推动城乡要素自由流动、平等交换，为乡村振兴注入新动能，为城乡融合发展打造新格局。加快农业转移人口市民化，健全落户制度，保障转移人口享有的权益。完善激励机制，促进有能力在城镇稳定就业和生活的农业转移人口有序实现市民化。强化乡村振兴人才支撑，培育高素质职业农民，加强农村专业人才队伍建设，鼓励社会人才投身乡村建设，让各类人才在乡村大施所能、大展才华、大显身手，推动乡村全面振兴。健全多元投入保障机制，明确和强化各级政府"三农"投入责任，提高土地出让收益用于农业农村比例，加大金融支农力度，引导和撬动社会资本投向农村，加快形成财政优先保障、金融重点倾斜、社会积极参与的多元投入格局。可以说，在当前阶段，战略实施路径更加清晰，人地钱在实操阶段形成系统联动，各种力量实现集合聚合，战略张力、战略黏性、战略时效、战略机遇也相继扩大凸显。

推进城乡融合发展，壮大县域经济，承接适宜的产业转移，培育支柱产业，为融入城镇的农民提供充足的就业岗位。激发农业农村主体积极性，发挥主体能动性，建立新型经济组织和社会治理组织，把农民有效组织起来，提升农民经营能力和治理能力，使之真正成为农业农村发展与现代化治理的主导力量。城乡融合发展要落实四类重点政策。一是落实城乡经济融合政策，包括生产要素融合政策和产业融合政策两个方面，要坚决破除妨碍城乡要素自由流动、平等交换和产业融合的体制机制壁垒，促进各类要素有效实现城乡双向流动；二是落实城乡社会融合政策，推动公共服务向农村延伸、社会事业向农村覆盖，健全全民覆盖、普惠共享、城乡一体的基本公共服务体系，推进城乡基本公共服务标准统一、制度并轨；三是落实城乡空间融合政策，统筹城乡发展规划，促进城乡均衡发展，统筹建设城乡基础设施、公共服务供给、生态保护和产业布局；四是落实制度融合政策，改革户籍制度，弱化户籍的身份属性和福利属性，充分发挥居住证制度的功能。此外，还要改革集体土地制度，改革完善农村承包地制度，稳慎改革农村宅基地制度，建立集体经营性建设用地入市制度；改革城乡治理机制，加强城乡融合治理探索，立足城乡发展实际和人民需求，健全自治、法治、德治相结合的乡村治理体系，不断提升城乡治理科学化、精细化、智能化水平，让人民群众拥有更多获得感、幸福感、安全感。

（二）深刻理解乡村振兴和城乡融合的辩证关系

乡村振兴和城乡融合都是国家战略决策的组成部分。乡村振兴是当前我国"三农"工作重心发生历史性转变后的战略重点，城乡融合发展是我国城乡发展的重大方针、核心内容和目标。从理论上说，厘清乡村振兴和城乡融合的关系，是我们对城乡发展、农业农村现代化开展逻辑推理与分析、构建相关理论命题的基础。从现实角度来讲，厘清乡村振兴和城乡融合的逻辑关系，是我们开展相关工作、推进建设社会主义现代化国家伟大事业的前提。接下来，将从以下七个方面来厘清这二者的关系。

1. 城乡融合与乡村振兴概念的异同

城乡融合与乡村振兴是两个不同的概念。城乡融合是指城市和乡村互融互促的一种发展状态，是从分割走向一体化的发展进程，是经济社会发展的客观需要。乡村振兴是指乡村重新恢复活力、实现繁荣兴旺的一种发展状态，是乡村从目前发展状态进入繁荣兴旺状态的进程迭代，是时代使命中的发展阶梯、递进提升。从外延来看，城乡融合发展涉及的内容比乡村振兴宽泛，前者涉及城市区域和乡村区域的发展，后者更注重乡村的繁荣发展，乡村振兴和城乡发展融为一体，各自互为驱动力。但乡村振兴和城乡融合从政策背景来看，均描述了一种状态或一种进程，都是促进城乡发展的战略决策，均是特定的区域发展战略，政策相互衔接，均指向特定区域发展的理想状态和发展目标相统一。因此，各地区中长期发展规划依次出台，形成组织共识、区域共识、城乡共识、社会共识，因地制宜形成中长期发展牵引力。

2. 城乡融合发展与乡村振兴呈相辅相成关系

乡村振兴离不开城乡融合发展。走中国特色社会主义乡村振兴道路，必须重塑城乡关系，走城乡融合发展之路。当前中国城乡关系发展转入"城乡中国"阶段，城乡融合发展是建设社会主义现代化国家的重要任务。乡村振兴离不开城乡融合发展，本质上是由这个时代背景决定的，同样乡村振兴不能因自身的重要性而脱离城乡融合的发展格局。原因在于乡村振兴战略的实施要以构建城乡融合发展的体制机制为前提条件，城乡融合发展模式，不仅需要发挥城市的力量助力乡村振兴，更需要乡村振兴的力量来解决城市的问题，从而再次推动城市发展繁荣。党的十九大提出实施乡村振兴战略，加快推进农业农村现代化，构建城乡融合发展的体制机制是实施乡村振兴战略的前提条件，城乡融合发展可以为乡村振兴、农业农村现代化创造战略发展条件，提供发展路径和发展动能。从动力角度看，重塑城乡融合关系，实现城乡发展要素、产业、市场及人力资源等的深度融合，有利于拓展乡村发展空间，从而为乡村振兴提供新动能。

3. 城乡融合发展离不开乡村振兴

党的十九大报告指出，中国特色社会主义进入新时代，我国社会主要矛盾已经转化为人民日益增长的美好生活需要和不平衡不充分的发展之间的矛盾。而这个矛盾的集中表现是城乡发展不平衡、乡村发展不充分，城乡短板彰显了我国社会发展的乡村短板，更是城乡融合发展的突出短板。乡村振兴战略以农业农村现代化发展为优先目标，致力于补齐这一关键短板。城乡融合发展，不仅包括城市区域的发展、新城镇的发展、乡村区域的发展，更包括三者之间互融互促式的发展，以及客观需求下各自力量的展现。城乡融合发展离不开乡村振兴，没有乡村的发展，没有乡村的振兴，就不是完整的城乡融合发展，不符合城乡融合发展时代诉求。离开乡村振兴，城乡融合发展就不是党和国家以及人民所希望的城乡融合发展，共同富裕也就无从谈起。

4. 城乡融合发展与乡村振兴的包含关系

走中国特色社会主义的乡村振兴道路，要强化以工补农、以城带乡，推动形成工农互促、城乡互补、协调发展、共同繁荣的新型城乡工农关系。城乡融合发展涵盖了城市再次繁华和乡村全面振兴。从概念范畴来说，城乡融合发展，包括城镇和乡村的发展，乡村振兴是乡村的振兴。应当深刻认识到，在城乡融合发展思想中，城市和乡村是互促互进、共生共存的关系，是战略全局中的必需条件。乡村振兴是城乡融合发展"两手抓"中的一手，另一抓手是城市。因此，从范畴来看，城乡融合发展是空间逻辑，讲究城乡一体，城乡融合发展涵盖了乡村振兴。

5. 乡村振兴的目的是构建城乡融合发展新格局，推进城乡融合高质量发展

乡村振兴服务于城乡融合发展，城乡融合发展是其目的，在这种意义下可以将乡村振兴归于战略实施层面。正如习近平总书记指出的："40年前，我们通过农村改革拉开了改革开放大幕。40年后的今天，我们应该通过振兴乡村，开启城乡融合发展和现代化建设新局面。"这一重要论述清楚地论证了城乡融合发展和乡村振兴的主从关系。因此，从目的手段关系来看，城乡融合发展与乡村振兴是相辅相成的关系，是平行推进下的战略融合、目标融合、内涵融合、路径融合及战术叠加的过程。

6. 城乡融合与乡村振兴的定位

在经济社会发展全局中，城乡融合发展和乡村振兴都是全面建设社会主义现代化国家的战略举措，均服务于全面建设社会主义现代化国家的目标。在民族复兴的中国梦中，国家富强，既包括城镇的繁荣，又包括乡村的振兴。通过城乡融

合发展和实施乡村振兴战略，将逐步实现包括城乡共同繁荣在内的现代化国家目标。

7. 城乡融合发展和乡村振兴都致力于坚守共同富裕这一根本原则

贫穷不是中国特色社会主义，中国特色社会主义要坚持共同富裕。扎实推进共同富裕，必须一体推进城乡融合发展，一手抓新型城镇化，一手抓乡村振兴。城乡融合发展和乡村振兴均是解决人民日益增长的美好生活需要和不平衡不充分的发展之间矛盾的重要战略举措，均服务于化解主要矛盾这一目的。城乡发展不平衡、不充分，需要通过城乡融合发展来解决。城乡居民日益增长的美好生活需要，必须通过城乡融合发展来得到满足。城乡发展不平衡、不充分集中体现为乡村发展滞后、乡村处于短板位置，必须通过城乡融合发展，特别是通过实施乡村振兴战略加以破解。这就要求把乡村振兴作为新时期全党全国"三农"工作的重心，在城乡融合发展的新格局中，以乡村振兴为统领，全力推进各项"三农"工作，焕发乡村发展新活力，托起城乡融合发展的大局。

（三）城乡融合发展与乡村振兴的共同发展路径

城市化发展的红利在乡村，城乡融合发展的红利也在乡村。改革是推动城乡高质量发展的关键，只有改革才能打破城乡分割、农业农村衰败和发展停滞的格局，破除农业农村发展的障碍因素，是城乡融合和乡村振兴共同发展的时代使命。

推进城乡融合发展，首当其冲的是要改革不利于城乡融合发展的旧有体制机制。改革不利于城乡要素畅通、自由流动、平等交换的制度，重点改革户籍制度、土地利用制度、资本流通制度，进一步促进城乡人口、人才、土地、资本、技术等要素的双向流通。要构建城乡贯通的产业体系、城乡融合的业态功能，助力形成城乡融合现代化发展的新格局。要改革城乡基本公共服务不均等的政策体系，推动公共服务向农村延伸、社会事业向农村覆盖，加快推进城乡基本公共服务的标准化、均等化、一体化、全覆盖。

实施乡村振兴战略，要改革不利于乡村振兴的现有体制机制。要创新农业农村发展思路，从城乡融合发展格局中推进农业农村发展，把先进的外部要素、技术、经验、机制等更大范围地引进到农业农村。健全农业农村发展机制，消除农业农村发展的关键障碍因素，通过改革，打破农业农村发展的瓶颈，减轻农村背负的沉重社会保障事业负担，化解农业农村发展的细碎化问题等。

城乡融合和乡村振兴都是发展状态、发展进程中的实践探索。从某种意义上讲，发展需要一系列创新，创新是城乡融合和乡村振兴的共同引擎。工业革命以来，世界经济社会迅猛发展的主要动力是创新。正是因为有了创新，近十年世界经济社会的发展速度远远超越过去百年乃至千年的发展速度，在中国大地上推进城乡融合发展和实施乡村振兴战略，同样要用创新去启动新的前进引擎，开创城乡融合发展的新天地。

推进城乡融合发展，以创新为路径，主要是要推进思路创新。要用共建共治共享的理念，促进城乡经济、社会、文化、生态和基础设施等方面的全面融合。树立"以人民为中心"的理念，让城乡居民共同参与城乡融合的社会治理，共享城乡融合发展的成果。推进科技创新，促进有利于城乡融合的科技创新成果产出和应用，向科技创新要生产率，把现代智慧科技融入城乡发展的进程，不断缩小城乡科技差距。

推进乡村振兴，以创新为路径，主要包括农村产业经营领域创新、农村建设领域创新、农民生活领域创新。农村产业经营领域创新，就是要用创新技术和手段发展农村产业，增强农业农村发展的经济动力。农村建设领域的创新，就是运用新技术手段提升农村建设、管理和治理水平，增强农村社会发展的活力。农民生活领域的创新，就是要运用现代技术手段和成果改善农民生活品质，增强农业农村发展的消费动力、生活动能和现代化治理水平。

（四）深刻理解城乡融合的内涵要义

坚持城乡融合发展，使市场在资源配置中起决定性作用，要更好地发挥政府作用，推动城乡要素的自由流动、平等交换，推动新型工业化、信息化、城镇化、农业现代化的同步发展，加快形成工农互促、城乡互补、全面融合、共同繁荣的新型城乡关系。力争到2035年，乡村振兴取得决定性进展，农业农村现代化基本实现，城乡基本公共服务均等化基本实现，城乡融合发展体制机制更加完善。

城乡融合不是让农村向城市形态转变，更不是让农村消失，其目标是让城乡发展得更好，这是基本判断。其实质是推进城乡融合发展、实现城乡资源要素互联互通（图2-1），优势互补，效益叠加，逐步缩小城乡差距，逐步实现城乡融合发展、共同繁荣。城乡融合是通过城市一般功能的下沉，技术、资本、人才、产业、业态下沉，落地乡村，扩大需求空间，从而形成城乡融合发展格局。这既是乡村振兴的需要，又是新时代国家发展的需要。其内涵是让农民与市民平等，共享中国发展的红利，实现中华民族的复兴。其形态是"留得住绿水青山，记得住乡愁"，让城市发展更加聚焦，让乡村发展更加多元；把城市力量带到农村去，更好地发展乡村，让城市有根基，使乡村重现发展活力。城乡融合能促进城乡资源有效对接，使供需双方匹配，包括城市端资本、技术、人才、科技、产业、品牌、业态等，包括乡村端生态禀赋、农副产品、沉睡资源等。把乡村优质农副产品输送到城市，通过搭建城市与乡村联结共享的功能载体，实现城乡互联互通，形成城乡融合发展的格局，推动中国经济的高质量发展。

图 2-1　城乡融合

　　城乡融合出发点和落脚点一定在乡村，其核心要素包括人、土地、产业、资金和基础条件等。城乡融合的关键点是人，融合载体是乡村，这是逆城市化发展的基本特征。城乡居民融合要解决人本需求，以人的需求延伸出配套体系和发展空间及其政治生态，这是目前最大的短板。

　　城乡融合核心问题需回归到土地这个基础载体。土地是核心资源，也是生产力驱动核心要素。土地供给中要解决有人耕种的问题、有人居住的问题、有人就业的问题、有人投资的问题。土地作为生产要素资源，具有很强的资产属性，但在产业投资方面、土地金融属性方面许多政策还亟待破冰。就产业而言，产业是乡村最大的活力基础，也是人能否留下来，能否带动土地增值的重要原因。城乡融合中，城市部分产业下沉需要产业用地转化。鉴于此，在推进城乡融合中，在战略实施的初级阶段，一定是关键要素激活探索的过程。呵护土地、深耕土壤，这是时代的要求，也是新时代的战略机遇。

　　强化乡村配套，形成城乡融合发展态势。乡村振兴战略规划按照主体功能定位，对国土空间的开发、保护和整治进行全面安排和总体布局，推进多规合一，加快形成城乡融合发展的空间格局。以城市群为主体构建大、中、小城市和小城镇协同发展的城镇格局，增强城镇地区对乡村的带动力。因地制宜发展特色鲜明、产城融合、充满魅力的特色小镇和县镇，加强以县域、乡镇政府驻地、副城镇中心的农民生活圈建设，以镇带村、以村促镇，推动村镇联动发展。建设生态宜居的美丽乡村，发挥多重功能，提供优质产品，传承乡村文化，留住乡愁记忆，满足人民群众日益增长的美好生活需要。通盘考虑城镇和乡村发展，统筹谋划产业发展、基础设施、公共服务、资源能源、生态环境保护等，形成田园乡村与现代城镇各具特色、交相辉映的城乡发展态势。

多项措施并举，形成功能空间体系。乡村振兴战略规划提出，坚持人口资源环境相均衡、经济社会生态效益相统一，打造集约高效生产空间，营造宜居适度生活空间，保护山清水秀生态空间，延续人和自然有机融合的乡村空间关系。乡村生产空间是以提供农产品为主体功能的国土空间，兼具生态功能。围绕保障国家粮食安全和重要农产品供给，充分发挥各地比较优势，重点建设以"七区二十三带"为主体的农产品主产区。落实农业功能区制度，科学合理划定粮食生产功能区、重要农产品生产保护区和特色农产品优势区，合理划定养殖业适养、限养、禁养区域，严格保护农业生产空间。适应农村现代产业发展需要，科学划分乡村经济发展片区，统筹推进农业产业园、科技园、创业园等各类园区建设。乡村生活空间是以农村居民点为主体、为农民提供生产生活服务的国土空间。充分维护原生态村居风貌，保留乡村景观特色，保护自然和人文环境，注重融入时代感、现代感，强化空间利用的人性化、多样化，着力构建便捷的生活圈、完善的服务圈、繁荣的商业圈，让乡村居民过上更加舒适的生活。乡村生态空间是具有自然属性、以提供生态产品或生态服务、维护生态平衡为主体功能的国土空间。要通过乡村生态空间优化，突出优势，实现对乡村重要生态资源的保护利用，加强农村风貌整治，打造新型农村。

　　加快发展乡村新型服务业，提升基础设施建设和公共服务供给。注重发展以人为本乡村生活性服务业，引导农村人才集聚农村生活、生产、生态建设；深化农业农村改革，提升产业质量效益和竞争力，进一步落实一、二、三产业融合发展政策，发展乡村旅游业和文化创意产业，加快建立农业社会化服务体系，积极引导农村产业的专业化分工和规模化经营，提高农村产业质量和效益。加大返乡下乡人员创业支持力度，大力开展创业教育和宣传，着力降低企业开办、运营等各个环节的创业隐性成本负担。加强职业培训，提高人才的创业素质和能力。完善基础设施和创业条件，为返乡入乡人员创业获取经济收益提供保障。着力营造激发人才创业热情的社会氛围，大力提升农村创业榜样的示范效应，充分利用各类新闻媒体宣传创业榜样，对创业能力强、带动效果好、政治素质好、有突出贡献的典型模范予以褒扬激励。

　　基于发展趋势、发展中存在困难和问题的客观性，加速城乡要素流动，除了硬件环境的建设，更多的是软件及软实力的打造，需要从城乡融合全系统、立体化、乡村金融属性等多个维度去思考，全面谋划城乡融合的格局和乡村振兴的落地条件。坚持以人为本，在解决土地、产业、投资三大要素的基础上，真正把决定着乡村是否可以留住人的根与魂塑造好。城乡融合是一项复杂且艰巨的任务，也是一项长期的任务，既需要政策体制方面的配套支持，又需要农业农村内部的能量裂变，还需要耐力、毅力以及长期发展的坚持力。在已形成的政策体系框架下，需要进一步寻找更高层级的融合突破口，特别是乡村金融属性的突破口。

　　基于城乡融合的发展机遇及面对问题和困难并存的新时代新挑战，要善抓时代机遇，在发展中解决问题，在发展中抢抓发展机会。全面架构城乡融合的功能载体、产业格局、配套服务等，带动吸引更多的力量在乡村落地生根，全面助力乡村振兴，推动实现农业农村现代化，实现共同富裕。

目前来看，建立城乡有序流动的人口迁徙制度，进城落户农民依法自愿有偿转让退出农村权益制度、农村集体经营性建设用地入市制度、集体经营性建设用地使用权转让、出租及抵押制度，以及科技成果入乡转化机制、生态产品价值实现机制、城乡基础设施一体化发展体制机制、城乡基本公共服务均等化发展体制机制等，在一些地方形成了实践探索案例。2021 年 12 月 27 日，济南市区内首宗集体经营性建设用地成功入市，面积为 1.14 公顷，用途为商业用地，土地出让成交价为 1842 万元。2021 年 12 月 1 日，《济南市集体建设用地管理办法（试行）》正式施行，推动集体建设用地入市在全市范围内规范展开，全面促进城乡融合发展。集体土地入市后，村集体作为土地的所有权人，在获得一定比例的土地出让收益的同时，还能进一步发展壮大集体经济，扩大村民就业，促进村民增收。而对于用地企业来说，通过集体经营性建设用地直接入市，能有效降低土地成本，减少中间供地环节，加速项目推进，助力乡村振兴。

深刻理解城乡融合的内涵要义，才能建立城乡齐头并进的格局。这需要国家力量、党的力量、政府力量、社会资本力量、市场主体力量共同推进，才能把城乡融合这盘大棋下好。在探索城乡融合路径方式中，还需要持续推进供给侧、需求侧改革，更加需要顶层设计的完善及政策破冰。这是全社会的责任，需要社会经济组织按照市场最有效的规律提出切实可行的实施方案。

三、三产融合内涵逻辑

农业农村部发布的《全国乡村产业发展规划（2020—2025 年）》中提出，以实施乡村振兴战略为总抓手，以一二三产业融合发展为路径，发掘乡村功能价值，强化创新引领，突出集群成链，延长产业链，提升价值链，培育发展新动能，聚焦重点产业，聚集资源要素，大力发展乡村产业，为农业农村现代化和乡村全面振兴奠定坚实基础。随着乡村振兴战略的系统部署与全面实施，农村三产融合发展逐渐成为加快实现农业现代化、农村治理能力与治理水平现代化的力量源泉，是构建现代农业生产体系、产业体系及经营体系，以及全面推进产业兴旺的重要抓手。

深化农业农村改革，破除城乡要素流通的障碍因素，促进需求引导下供给侧结构性改革，这是乡村振兴推动农业农村现代化必须历经的过程。通过需求导向，促进现代科技、管理、信息等先进要素流向农业农村发展项目，促进农业农村发展速度和质量提档升级。持续推进农业农村创新发展，建立健全有利于乡村经济多元化发展的体制机制。乡村经济的发展方向是以现代农业为基础，以农村一二三产业融合发展、乡村文化旅游等新产业为重要补充的多元场景展现。要瞄准这个发展方向，完善产业链主体之间利益紧密联结机制，实现乡村经济多元化和农业全产业链发展。

乡村振兴一二三产业融合体系的建立，是一个久久为功的系统工程，面临挑战、困难、考验及问题，不可能一蹴而就。从战略层面提出到实操层面形成需要历经很长的时间，必须要有这个认知。三产融合发展体系架构要与乡村价值提升相一致，在融合产业兴旺、生态宜居、乡风文明、治理有效、生活富裕内在诉求的基础上，做好三链重构、绿色发展和融合红利分享三大工程，涉及面广、整合难度大、融合技术要求高。特别是重塑现代农业多功能性，改变农业单一属性，产业链发展要与国家农业强、农村美、农民富的目标实现相切合，产业发展阶段与乡村经济发展阶段相一致，形成产业兴旺推进计划、阶段目标和三产融合的发展蓝图。

从图 2-2 可知，乡村振兴不仅是农业的事，而且是农村三产融合发展的事。

农村三产融合发展，要求乡村区域不仅要生产粮食，而且要生产乡村旅游休闲产品，从而带动乡村立体空间全面资源转化。乡村文旅是现代农业的一部分，属于现代大农业体系重要组成部分和协同发展的牵引力。乡村文旅＋特色加工业、农副产品、健康养生、自然研学、乡村度假、休闲农业、生态林业、文创产业、农业主题公园、电商产业、艺术节事、会议产业、展览展陈等，形成泛一二三产业模型。因此，伴随我国进入消费引领时代、大众旅游时代，架构一二三产业模型，要突破产业边界，从更多维度、更加多元、更加深度了解三产融合的内涵诉求、内在逻辑，在融合展现上形成高位认知，使其具有时代特质和满足现实的客观要求。

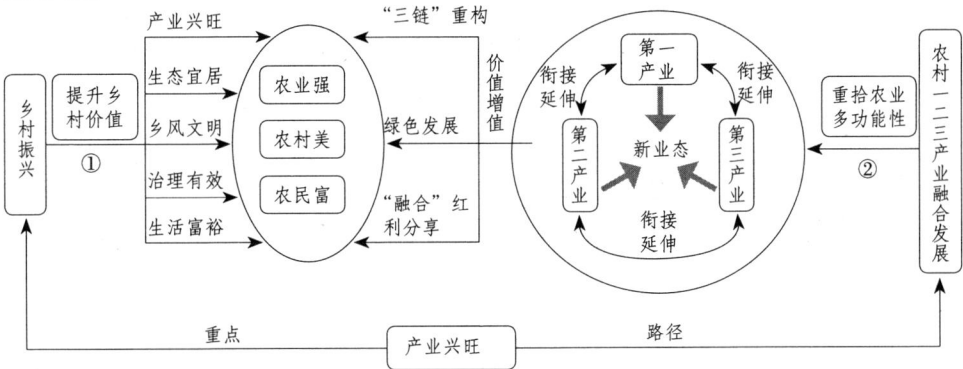

图 2-2 乡村振兴与农村三产融合发展的逻辑关联及协同路径

（一）三产融合内涵诉求

农村一二三产融合中的第一产业，指农业生产，即发展特色农业、循环农业和现代化高效农业。第二产业为农产品加工业，包括食品、饮料、纺织、烟草等工业品体系。第三产业是拓展延伸农业产业链而形成的新型服务业主体、泛三产配套体系，如农业观光、科普教育、品牌展示、文化传承、商业配套、科创研学等，进而提升多元附加值。

1. 农村产业融合的基本要素

特色农产品，依托农产品的生产方式及特色，包括原产地、品种、生态环境和特色品种等，是产业融合的重要基础。精深加工是以多元化的加工技艺为核心，包括特殊加工工艺、加工材质、文化传承、工匠精神等，形成非物质文化遗产、特色技术、特色加工等有文化内涵及工艺在内的加工产品。技术能力上，导入新的科学技术，促进精深加工的能力提高，提升农产品的加工水平，提高加工品的附加值。文化创意方式上，结合时尚、文化、消费产品的创造方式，提高产品的文化属性，从产品的包装、效果、体验和艺术价值等方面，塑造产品文化品牌。品牌营销上，通过企业、电商和网络营销的方式，推广产品品质和体验，实现品牌化营销，塑造品牌影响力。推广销售方式上，利用多种推广销售手段，实现规模化销售、合作社销售、大型企业带动以及企业加盟的销售方式，促进品牌化营销。体验化消费方式上，通过旅游引导，使游客实现多种方式的体验化，包括生活、参与生产、创造和产品消费的体验化，实现体验化的销售和消费。

2. 三产融合发展的出路在市场

与过往相比，三产融合时代显然不再是扶贫时期的"输血模式"，而是更多地依照市场规则去对接供需，平等互利，培养造血能力。三产融合构架产品体系需要市场才能变成生产力，这就要求乡村振兴必须用"政府＋市场"设计逻辑内涵。"种下梧桐树，引来金凤凰。"今天则需要从凤凰的角度考虑种什么树、如何种树。只有转向"种对梧桐树"，才能引来"凤凰"并最终让它"留下"。产业振兴讲求市场化，需要有商业变现能力，所以三产融合发展只有建立在商业思维和市场化的基础之上，因地制宜地建立可持续的商业模式、盈利模式及运营体系，产业盈利性和造血能力才能实现。

3.农业产业链和价值链的延伸是三产融合的本质

目前，对三产融合仅仅局限于浅显的理解较多，还处于简单的一二三产业共存状态，并未形成有机的统一整体，未形成各产业、各业态主体融合，缺乏共同利益的统领。三产融合在物理层面是借助农村自身的环境、文化等特色，通过一二三产业之间的融合渗透和交叉重组，加快农村资源、技术、人才、资金以及市场需求等相关要素的整合、重组、优化，调整农村产业空间布局，实现产业兴旺、生态宜居，促进乡村振兴战略的落地实施。三产融合在化学层面需要有质变结果，使其融为一体，而不是单纯地叠加。通过延链、补链、建链的方式延伸农业产业链，实现农业生产、农产品加工以及相关配套服务是三产融合的基础，这是价值再造的商业伦理。三产融合要打造农业新业态、新产业和新模式，建立农村一二三产融合发展的利益联结机制，打造融合共生的农业价值链。

4.农民收入水平的提高是一二三产融合的根本

深刻理解实施乡村振兴战略，一定要深刻理解一二三产融合的目标意义，才能设计好乡村振兴的入口和出口。一二三产融合的农业主体和利益主体是农民，所生产的产品也要以满足城乡居民的需求为重点，解决的是城乡居民的获得感、幸福感、归属感问题。在顶层设计中，当地政府需要提升社会资本形成的新型经营主体对农民的辐射带动能力，实现小农户与现代农业发展的有机衔接，与农民建立互利共赢的长效机制，这是政府的责任。社会资本或龙头企业践行乡村振兴战略，是用市场化力量，推动解决农村产业融合发展问题，这是市场的责任。发展全产业链模式，推进一产往后延、二产两头连、三产走特色，加快农业与现代产业要素跨界配置。三产融合发展，最后要把立农、为农、兴农的产业都尽量留在农村，把就业岗位更多地留给农民，把产业链增值收益尽量留给农民。对此，《关于促进乡村产业振兴的指导意见》提出，完善农业股份合作制企业利润分配机制,推广"订单收购+分红""农民入股+保底收益+按股分红"等模式,形成结构性收益。加强政策引导,鼓励和支持更多的社会资本投入乡村,多办一些农民"办不了、办不好"的产业,多办一些产业链条长的产业,多办一些带动乡村发展增收的富民产业。

5.农业非传统功能的充分挖掘是三产融合的关键

推动农村一二三产业深度融合发展,其核心抓手不仅仅是农业,而是要从农村立体三维空间挖掘农业农村价值。因此,必须立足当地农业农村特色资源,紧跟市场需求,推动三产融合,保持其产业融合发展的持续性。通过农村所特有的绿水青山、田园风光、乡土文化、生活特点、传统特色等特有资源优势,加快这些资源与旅游、文化、教育等产业的深度融合,加大农业非传统功能的挖掘力度,提升农业的基础价值创造能力,农村全域资源价值创造力,从而成为农业农村发展的新型支柱产业,进一步繁荣农村传统文明。带动区域资源聚合、功能整合、要素融合、联动发力,促进城与乡、农与工、传统与现代相得益彰。培育或引进现代农业和农副产品加工龙头企业,文旅驱动下的新型服务业态,实现农业产业规模化集约化经营,提高农产品市场竞争力,因地制宜地发展乡村新型服务业,将农业产业链与乡村新型服务业融为一体,对农村产业融合发展起到示范带动作用。

比如,黄河宿集依托黄河水湾景观资源,引进国内5大民宿品牌,打造了一个以地方特色文化和特色地形相结合的文化旅游综合体。黄河宿集以"旅游+"的方式引导农民自主参与,通过生态养殖、农事体验等方式为周边村民搭建就业平台,当地农民年人均增收1.5万元,通过以小撬大,盘活当地的经济发展。陕西省礼泉县袁家村年游客数量超300万人次,年营业额超10亿元,成为旅游产业与农民、农村最佳融合的教科书式的典范。通过打造以关中民俗和乡村生活为核心内容的关中印象体验地景区，以乡村旅游带动产业发展的新思路，成功探索出新时代下农村集体经济发展的"袁家村模式——三产带二产促一产"。

6.有效机制的建立健全是三产融合的保障

通过设立农村产业发展基金、金融科技助力的作用，搭建包括社会资本、金融资本等在内的投融资体系，发展农村产业，加大农村基础设施建设和公共服务方面的投入力度。制定优先扶持农民合作社目录来实现重点扶持，形成一套集土地、财政、金融、税收优惠政策于一体的扶持政策体系。有效破除城乡之间的技术壁垒、数字鸿沟等障碍，促进融合链条上的要素流动，助推农村不同产业开展主体跨界融合、要素跨界配置、业态跨界创新、利益跨界共享，促进农业农村现代化和农村一二三产业融合创新升级发展，这才是全局需要的力量展现。本书后续章节会对乡村振兴机制进行系统的阐述，特别是实施县域经济发展、乡村振兴全域发展模式等亟待解决的难点与全域发展的突破口。

（二）三产融合和乡村振兴内在逻辑

三产融合旨在实现各要素的优化重组，以改变农村产业空间布局，成为乡村振兴物质保障的主要出口。而实现乡村振兴的基础是产业兴旺，其实现路径是走好三产融合之路，是乡村振兴实现可持续发展的经济基础。

1.产业兴旺是乡村振兴的基础，是解决农村一切问题的前提

乡村产业内涵丰富、类型多样，比如农产品加工业提升农业价值，乡村特色产业拓宽产业门类，休闲农业拓展农业功能，乡村新型服务业丰富业态类型。近年来，农村创新创业环境不断改善，新产业、新业态大量涌现，乡村产业发展取得了积极成效。但还存在产业链条较短、融合层次较浅、要素活力不足等问题，亟待加强引导、加快发展。其深层缘由是乡村振兴行政事务较多，表现为市场路径、接轨能力不强，龙头企业或平台企业示范引领作用发挥不足。

2. 三产融合发展是乡村振兴农业产业化的出路

产业兴旺的核心在于有效激发乡村产业的发展活力，延长产业链，形成产业链闭环与实施路径，将产业链主体与关键增值环节留在当地。三产融合发展，有利于促进当地农民和本地产业发展的有机结合，增加农民就业机会，分享产业链的增值收益，实现农民增收的可持续性；产业的延伸与融合，为农民提供更多的农业领域的创业创新机会，拓宽新产业、新业态的发展空间，推进乡村新型服务业发展，为村民村集体创造了更多的参与机会，形成共同富裕的根基。

3. 三产融合是乡村振兴战略的落地抓手和经济保障

三产融合可加快一二三产业之间的衔接、渗透融合和价值延伸，可催生新产业、新业态，以强化农业竞争力和附加值提升，最终形成供应链、价值链和产业链三链闭环，持续解决"三农"问题，推进农业农村现代化，实现乡村全面振兴和城乡融合发展。乡村振兴战略的实施，重新审视和拓展了乡村价值，促进了城乡之间多种要素资源的双向流动，在经济发展、生态环保、文化传承、乡村治理等方面取得成效，从根本上解决农业不强、农民不富、农村不美的境况，推动城乡融合发展，全面实现乡村振兴。

（三）城乡融合背景下乡村振兴三产融合探索

乡村振兴必须让经济发展起来，实现产业兴旺，三产融合发展是前提条件。加快构建现代农业生产体系、产业体系和经营体系，必须突破"乡村产业就是农业、乡村振兴是农业的事情"的传统观念，以及"农业的功能就是提供农产品"的传统模式。实现农村三产融合发展，是站在农村全局基础上探索架构一二三融合路径，在做强农业基础地位的基础上，拓展第三产业体系，培养新型功能载体，这是实现农业农村现代化的客观需求，是城乡融合发展的需要，也是乡村实现全面振兴的必由之路、开拓之路。

因农村土地资源受限、人地关系紧张，农民收入增长困难和农村人才流失是目前农村发展最大的障碍。农村一二三产融合为解决这些主要矛盾指明了方向，也是解决问题的根本举措。推进农村一二三产业融合发展是乡村振兴的重要路径，是国家深入推进农业供给侧结构性改革、加快转变农业发展方式的重要方式。目前，战略谋划和顶层设计基本完成，政策方向和实施路径非常明确，就是要从根本上通过三产融合来系统解决目前面临的问题，走出一条强村富民之路。

农村一二三产融合，是以农业为基本依托，通过产业链条延伸、产业融合、技术渗透、体制创新等方式，将资本、技术以及资源要素进行跨界集约化配置，加大乡村资源激活力度、拓宽农民增收渠道、构建现代农业产业体系，加快转变农业发展方式，达到一产、二产和三产的全面融合发展。要求功能多样，实现农村生态化、绿色化、特色化，提升农业的功能。要求产业链条完整，将农业生产、农产品加工、销售相互连接，组建完整的产业发展平台。要求三产业态丰富，发展特色旅游村镇，开展现代化产购销活动，形成丰富的产业业态。要求利益联结紧密，在专业大户、家庭农场、农民合作社、龙头企业及社会资本间形成稳定的联结机制。要求产城融合，更加协调，实现基础设施互联互通，公共服务高效运营，促进城乡一体化，全面发展。

综上所述，要实现乡村全面振兴，建立新型城镇化、城乡融合发展与三产融合发展的乡村振兴三轮驱动力量，统筹城市、城镇、乡村三大空间融会贯通，形成"组合拳"，与乡村土地接轨，助力土地价值升值。充分发挥市场配置资源的决定性作用，更好地发挥政府主导作用，营造良好的市场环境，加快培育市场主体，真正将三产融合的社会价值、市场价值、经济价值展现出来。

典型案例

田园东方是田园综合体的业态提出者、践行者，田园东方无锡项目是国内首个田园综合体，也是中国首个田园主题旅游度假区。其集现代农业、休闲旅游、田园社区等产业为一体，倡导人与自然和谐共融与可持续发展的理念，通过"三生"（生产、生活、生态）、"三业"（农业、加工业、服务业）有机结合与关联共生，实现生态农业、休闲旅游、田园居住等功能复合，推动城乡融合发展，进一步释放乡村价值，最终实现城乡美好生活的愿景。

无锡阳山田园东方项目位于"中国水蜜桃之乡"无锡市惠山区阳山镇核心区域，区内交通发达，通过农业、加工业、服务业的有机结合与关联共生。

该综合田园体成功的关键在于：

（1）复兴田园，寻回初心。该项目以"美丽乡村"的大环境营造为背景，以"田园生活"为目标核心，将田园东方与阳山的发展融为一体，秉承生态与环保的理念。项目主体共包括现代农业、休闲文旅、田园社区三大板块，主要规划有乡村旅游主力项目集群、田园主题乐园、健康养生建筑群、农业产业项目集群、田园社区项目集群等，打造成了一个以生态高效农业、农林乐园、园艺中心为主体，体现花园式农场运营理念的农林、旅游、度假、文化、居住综合性园区。

（2）片区开发模式。依托自然优美的乡野风景、舒适怡人的清新气候、独特的地热温泉、环保生态的绿色空间，结合周围的田园景观和民俗文化，兴建了一些休闲、娱乐设施，为游客提供休憩、度假、娱乐、餐饮、健身等服务。主要类型包括休闲度假、休闲农庄、乡村酒店。政府进行基础设施建设，引导农民根据市场需求结合当地优势，集中连片开发现代观光农业及农业休闲观光项目，供城市居民到农业观光园区参观、休闲与娱乐。

（3）产业带动模式。休闲农园首先生产特色农产品，形成自己的品牌。其次，通过休闲农业平台，吸引城市消费者来购买，拉动产业的发展。在这类园区中，游客除了餐饮旅游，还会带动土特产品销售。

（4）科普教育模式。农业园主要类型有农业科普教育基地、观光休闲教育、少儿教育农业基地、农业博览园。比如，农业科技园区作为联结科教单位科研成果与生产实际的重要纽带，为农业科技成果的展示和产业孵化提供了舞台。园区的建立为科教单位和入园企业科技产业的"孵化"和"后熟"提供了重要的基础平台，促进了农业科技成果的转化和辐射推广。

（5）民俗风情旅游模式。民俗风情旅游模式就是以农村风土人情、民俗文化为旅游吸引物，充分突出农耕文化、乡土文化和民俗文化特色，开发农耕展示、民间技艺、时令民俗、节庆活动、民间歌舞等休闲旅游活动，增加乡村旅游的文化内涵。主要类型包括农耕文化型、民俗文化型、乡土文化型和民族文化型。

（6）休闲观光农园模式。随着城市化进程加快和城市居民生活水平的提高，城市居民已不满足于简单的逛公园，都在努力寻求一些回归自然、返璞归真的生活方式。节假日，城市居民会到郊区体验现代农业的风貌、参与农业劳作和进行垂钓、休闲娱乐等，对农业观光和休闲的社会需求日益上升，这就为兼有休闲和观光等多项功能的农业园区的打造创造了条件。

第三章

共创共赢大格局

乡村振兴成功原则，就是要实现乡村振兴事业的可持续发展，保证战略目标实现、全域振兴与共同富裕。要求乡村振兴参与各方主体有当下、有明天、有未来，要求解决城乡居民能住下、能就业、有未来的人本需求问题。现阶段，我们要以激活和提升土地价值为原则，以政治诉求、社会诉求、经济诉求实现为目标，以当地政府、社会资本、村集体、村民等多方共赢为内涵驱动力，真正实现政府获得社会效益、村民生活水平得到提高、社会资本获得合理投资回报、经营者获得良好收益的共赢。

一、乡村振兴的三大诉求实现目标

从国家出台的乡村振兴战略规划、专项规划及一系列配套政策综合来看，将乡村振兴归类为政治诉求、社会诉求、经济诉求三大诉求实现为目标，所有的工作要从政治属性、社会属性、经济属性三个维度上进行全局谋划，探索乡村可持续发展的路径举措。只有真正领会乡村振兴的内涵要义、逻辑关系、目标要求、功能载体、价值展现等，才能将三大属性、三大诉求找到出发点和落脚点。政治诉求、社会诉求、经济诉求相辅相成，互为内涵、互为驱动、协同发力，才能展现乡村振兴欣欣向荣的美好蓝图与再造未来的美好场景。

（一）政治诉求

1. 归位于国家使命

民族要复兴，乡村必振兴。实施乡村振兴战略，是决胜全面建成小康社会、全面建设社会主义现代化国家的重大历史任务，是新时代做好"三农"工作的总抓手，是巩固脱贫攻坚成果的有效衔接，是"三农"工作重心的历史性转移。当前，我国已经进入全面建设社会主义现代化国家的新阶段，国际、国内形势的变化迫切要求我们全面贯彻新发展理念，构建新发展格局。在建构以国内大循环为主体、国内国际双循环相互促进的新发展格局，特别是做大做强国内大循环的要求下，推进国家治理体系和治理能力现代化的进程中，推进乡村全面振兴具有重要的现实意义和战略意义。

2. 归位于党的使命

举全党全社会之力推动乡村振兴。坚持五级书记抓乡村振兴，让乡村振兴成为全党全社会的共同行动，县委书记要把主要精力放在"三农"工作上，当好乡村振兴的"一线总指挥"。要求在干部配备上优先考虑、在要素配置上优先满足、在公共财政投入上优先保障、在公共服务上优先安排。习近平总书记强调,巩固脱贫成果,推进乡村振兴,要把基层党组织建强。基层党组织强,群众致富就有希望。基层党组织是推进乡村振兴的"主心骨"。用党建统领乡村振兴,把支部建在经营实体、产业链,充分发挥党组织的推动作用、支撑作用、引领作用、导向作用和保障作用。

3.归位于国企使命

2016年10月,习近平总书记在全国国有企业党的建设工作会议上强调,要使有企业成为党和国家最可信赖的依靠力量,成为坚决贯彻执行党中央决策部署的重要力量,成为贯彻新发展理念、全面深化改革的重要力量,成为实施"走出去"战略、"一带一路"倡议等重大战略的重要力量,成为壮大综合国力、促进经济社会发展、保障和改善民生的重要力量,成为我们党赢得具有许多新的历史特点的伟大胜利的重要力量。这既是对国有企业发展的目标要求,更是对国有企业地位作用的具体化阐释。党的十九届五中全会提出,国有企业是中国特色社会主义的重要物质基础和政治基础,是我们党执政兴国的重要支柱和依靠力量,国有企业有基础、有条件、有义务在推动乡村振兴战略中发挥重要作用。这"六种力量"要求,与实施乡村振兴战略国企使命担当一脉相承。国有企业不忘初心,要在推进新时代乡村振兴道路上,把六种力量展现出来,为走好新时代中国特色社会主义乡村振兴道路,把伟大事业做实做好,提供更加坚强的物质基础和政治基础。

4.归位于走中国特色社会主义乡村振兴道路

党的十九届五中全会提出"七个之路",即坚持重塑城乡关系,走城乡融合发展之路;坚持巩固和完善农村基本经营制度,走共同富裕创新之路;坚持深化农业供给侧结构性改革，走质量兴农竞争之路；坚持人与自然和谐共生，走乡村绿色发展协调之路；坚持传承发展提升农耕文明，走乡村文化兴盛传承之路；坚持创新乡村治理体系，走乡村善治之路；坚持巩固拓展脱贫攻坚成果，走中国特色减贫之路。这"七个之路"明确了实施乡村振兴战略的目标路径，构成了中国特色社会主义乡村振兴道路的具体内涵。要深刻认识城市和乡村是互促互进、共生共存的关系，共同富裕是中国特色社会主义的根本原则，要把握中国特色社会主义乡村振兴道路的精神实质和丰富内涵，增强中国特色社会主义乡村振兴道路的自觉性和坚定性。

（二）社会诉求

在乡村全面振兴中，追求社会各方广泛参与，这是乡村基本属性决定的。主要表现在下面几个方面：

1. 社会多方广泛参与性

乡村振兴五大系统工程，具有社会的广泛参与性，在做好基本民生保障和基本社会服务的基础上，要强化乡村社会关系网络和社会资本参与。伴随着我国全面进入大众旅游时代战略机遇期，围绕"旅游是一种生活、学习和成长方式"，建立乡村旅游大众消费体系，强化乡村旅游交通网"快进慢游"功能，创新乡村"旅游+""+旅游"应用场景建设。实施乡村旅游精品工程，优化乡村旅游产品结构，丰富产品供给，开展森林康养、自然教育、生态体验、户外运动、精品民宿，构建高品质、多样化的生态产品体系。加快推进以数字化、网络化、智能化为特征的智慧旅游。深化"互联网+旅游"，扩大新技术场景应用。乡村旅游需求有效供给、优质供给、弹性供给更为丰富，乡村旅游体系更加健全，为城乡居民"微度假""微旅游"创造条件，协助增强乡村社会活力，以促进乡村社会振兴。

2. 城乡居民融合性

城乡融合，绝不是将城市、乡村简单地叠加，而是要牢固树立城乡一盘棋意识，不断破解城乡二元矛盾，统筹推动城乡均衡发展。近年来，以习近平同志为核心的党中央站在全局和战略的高度，从体制机制入手，在调整工农关系、统筹城乡发展、推进新型城镇化等方面，推出了一整套改革举措，取得了显著成效。城乡要素流动不顺畅、公共资源配置不合理等问题逐步得到解决，影响城乡融合发展的体制机制障碍进一步消除，为重塑新型城乡关系，走好城乡融合发展之路，促进乡村振兴和加速农业农村现代化夯实了根基。随着各方不断努力，我国城乡要素流动更为活跃，人才交流、技术交流、信息交流、市场对接愈发便利。

3. 城乡生活环境融合性

推动城乡居民基本权益平等化、城乡基本公共服务均等化、城乡居民收入均衡化、城乡要素配置合理化、城乡产业发展协同化"五化"联动。城乡融合保障体系普惠共享，城乡居民安全保障体系同步实现。城乡义务教育逐渐向优质均衡迈进，城乡教育、基础设施一体化，实现互联互通。人居环境整治，生态宜居基础达到城乡同步。城乡产业融合发展，乡村新产业、新业态依托于城市产业链的下沉和链接，形成产业链互补、产业体系互通、城乡产业互动，互为补充，互为上下游。

4. 产城一体融合性

《关于推进以县城为重要载体的城镇化建设的意见》提出，县城是我国城镇体系的重要组成部分，是城乡融合发展的关键支撑，对促进新型城镇化建设、构建新型工农城乡关系具有重要意义。要从功能定位上形成大城市周边卫星县城、专业功能县城、农产品主产区县城、生态功能区县城、县域转型发展县城五个分类引导县城发展方向，推进以县城为重要载体的城镇化建设，发展现代化县城。新型城镇化是产业集聚新城、人口集聚新城、资源要素集合、城乡融合交汇、城乡居民共生共建，标志着我国新型城镇化进入了发展的更高阶段，将就业、保障、基础设施、公共服务、生态环境、产业集聚等多维度在新城镇实现融合发展。

（三）经济诉求

农业强、农村美、农民富愿景目标实现，需要乡村发展，乡村发展需要乡村产业发展，乡村产业发展才能实现乡村自我造血能力，为其他四大振兴目标实现提供物质保障，才能实现乡村的可持续发展。这个前提就是产业的自我造血能力。如果没有产业振兴，乡村振兴目标很难实现，也很难实现可持续发展。国家在推进县域经济发展中，有序推进人口向产业发展区域集中，打破落户限制，就是让乡村走向新型城镇化。就乡村振兴的全体系来看，乡村振兴一方面要大力发展乡村产业和经济，另一方面要建构支撑经济发展、支持乡村居民可持续增收，这也是人能否留下来、能发展好的关键依据。

1.资源资产经济属性

资产型收益，即利用闲置宅基地，实行精品民宿、长短租公寓的方式来激活闲置资产、闲置宅基地，发展乡村产业，激活庭院经济。基本农田经营收益，即利用一般农田和四荒地实行产业化经营，实现村集体用地和市场主体的联合开发，激活闲置资源和低效资源，以产业为链接，推进经济价值实现。生活方式再造的收益，即古村落保护和应用开发，对传统建筑、传统村落的文化传承、生活方式和人文故事的开发，满足城市居民的乡村情怀，实现乡村立体资源转型升级发展。

2.文化经济属性

优秀传统文化，是中国共产党人强大精神力量的"根"和"魂"，是凝聚人心、凝聚共识的重要精神源泉。2013 年 11 月 26 日，习近平总书记到山东曲阜考察指示："中华民族有着源远流长的传统文化，也一定能创造中华文化新的辉煌。"曲阜汲取优秀传统文化中的智慧，探索推进优秀传统文化融入基层党建工作，充分发挥党支部的战斗堡垒作用和党员的先锋模范作用，形成了具有曲阜特色的村级社会治理体系，为曲阜的乡村振兴注入了新动能。基层党组织与当地政府一起推进城乡公共文化服务体系建设，实施文化创意赋能乡村振兴计划；深入挖掘、继承创新优秀传统乡土文化，加强农耕文化、非物质文化遗产和重要农业文化遗产的传承、保护和利用；全面统筹文化艺术、非物质文化遗产、传统民间文化与乡村旅游融合发展，增强乡村博物馆、文化馆、图书馆、美术馆、非遗馆、书店等文化场所旅游休闲功能；实施旅游商品创意提升行动，实施文化惠民工程，深度拓展开发传统文化旅游产品，引导开发更多符合市场需求、更具文化内涵的旅游商品融入大众旅游时代。

3. 人才经济属性

发挥社会教育资源优势，以乡村振兴五大振兴要素为载体，推进产教融合、校企合作，促进教育链、人才链、产业链与乡村的有效衔接，打造乡村振兴产教融合型示范区（园）、返乡入乡创业园、乡土人才实训基地。以乡村振兴实训基地、研学教育基地为载体，搭建全领域乡村振兴课程体系，开展高素质职业农民、实用性人才、乡村振兴领头雁培训等，促进专业能力和职业素养提升。

4. 生态经济属性

生态文明建设是关系中华民族永续发展的根本大计。2022 年 6 月 1 日出版发行的第 11 期《求是》杂志发表了习近平总书记的重要文章《努力建设人与自然和谐共生的现代化》。文章指出，我们全面加强生态文明建设，系统谋划生态文明体制改革，一体治理山水林田湖草沙，开展了一系列根本性、开创性、长远性工作，决心之大、力度之大、成效之大前所未有，生态文明建设从认识到实践都发生了历史性、转折性、全局性的变化。将绿水青山转化为无价之宝，走出了一条生态优先、绿色发展的高质量发展新路子，将绿水青山转化为生产力。要合理利用乡村闲置资源优势，积极培育新能源＋产业、推动农村风能、光能、地热能、生物质能源利用，导入环保设备制造等绿色环保产业，创建绿色低碳发展新业态、新模式，实施一批分布式可再生能源助力乡村振兴标杆项目，实现绿色、多元化能源发展格局，建设乡村综合能源商业化运营体系，走好农村能源转换、绿色发展、强村富民之路。

5.农业产业经济属性

按照藏粮于地、藏粮于技的要求，依托乡村特色优势资源，发挥全域土地综合整治、冷链物流产业园、农业产业化平台优势，联合标杆企业、科研院所力量，在智慧农业、科技农业、品牌农业上发力，构架现代农业生产、产业、经营三大体系。发展新型高效农业、科技农业、智慧农业、绿色农业，打造集高质发展、科普教育、社会体验于一体的现代农业示范基地，推进农村产业融合发展示范园、科技示范园、农产品冷链物流产业园等建设。加快健全现代农业全产业链标准体系、冷链物流体系，精准对接，全力推动农产品加速上行。建立利益联结机制，让当地居民切实分享一二三产业增值收益，增加农民可持续收入，走好科技助农、质量兴农、品牌强农之路。

6.乡村治理经济属性

乡村治理内容和结构伴随社会发展也在不断发生变化，乡村的政治治理、经济治理和社会治理的内容不断增多，村集体组织成员逐步走向职业化，国家治理结构不断向乡村延伸，乡村社会变得更加开放。乡村治理必将走向价值导向的治理模式，治理思想从行政管理走向服务赋能、助力乡村发展。在社会资本主导、金融机构支持、经营业态多方参与下，推动乡村产业可持续发展，五大振兴协同推进，现代企业治理思想必须融入乡村治理中，传统的治理模式逐步走向社区化、园区化、城乡融合化。

7.利益联结机制经济属性

乡村振兴涉及方方面面，产业发展需要社会资本、金融机构、农民等政府之外的主体发挥更重要的作用，庞大的资金需求很难通过财政资金来满足。要调动村民参与和投入的热情，发挥村集体经济的优势，充分挖掘村庄的各种资源，将其转化成村庄发展动能。在土地资源的供给上，应该优先考虑如何盘活村庄中的资源存量，包括闲置宅基地及置换出来的集体建设用地等。此外，除了常规的资源外，还可考虑村庄发展的其他非常规的资源。要积极动员农民参与，鼓励市场主体和社会资源的融合，形成利益共同体，展现联合驱动的市场化能力，实现共建、共创、共赢。

二、实现乡村价值变现的三大载体

城乡融合，消费引领是乡村振兴最核心的驱动力量，也是乡村价值变现的唯一路径。要打造城乡融合功能载体，承接并满足更多的消费下沉需求，实现收益可持续增长，利益可持续分享，乡村可持续发展。这是乡村振兴的初心和使命。

（一）当地政府

1.推动乡村全面振兴

乡村振兴战略作为国家战略已经成为党和国家使命，是五级书记抓乡村振兴的政治使命和历史担当。通过优化财政支农资金支出结构，促进财政、金融和社会资本等多元投融资保障机制协调发力；通过设立财政支持的涉农信贷风险补偿基金、融资担保机构担保等方式降低涉农资金的运营风险；通过健全农业信贷担保费率补助和以奖代补机制，加快做大担保规模；积极争取现代种业、贫困地区产业发展、中国农垦产业发展等基金支持，带动农业领域社会投资。在规划项目时，就要合理规划好项目的投资回报率，安排好项目推进时序，设计好合理的风险分担机制与退出机制，以此增强社会资本的投资信心。鼓励各金融机构充分利用互联网、大数据等技术，加强农村金融产品创新和推广应用。鼓励各金融机构创新金融产品，构建与乡村振兴主体资产要素、资金需求相匹配的金融服务体系。形成多维度、多组合拳格局，推动乡村振兴、实现农业农村现代化和农业强、农村美、农业富。

2. 扩大乡村就业岗位

富民强村，重在产业、富在乐业。产业落位要为农民提供更多的就业岗位，在不断提升农业产业化、规模化、现代化发展水平的同时，因地制宜发展乡村富民产业。多措并举鼓励吸引社会资本下乡，在社会资本助力下，衍生产业链、优化供应链、提升价值链，形成产业链闭环，尽可能地将产业链主体留在当地，将产业链中服务环节的机会留给创业村民，让村民扩大就业机会，分享价值链增长收益，维护好农民的核心利益，让村民得到实惠、好处，真正让农民富起来。

3. 激活乡村沉默资产

国家每年有大量财政资金投入农村，包括道路，水利设施、生态环境建设等。温铁军教授提出，把沉默于乡村的数以百万亿元的生态资产价值激活出来，变成中国经济未来的增长动力和保障，变成中国国内大循环的基础。如果不能转变为乡村发展资产、资本，就没有经济属性，也很难转变为市场价值。通过乡村振兴，全域开发的基础设施投资，与乡村产业发展作价入股联动，得到极大化价值发挥，资产公共属性、社会属性及其延伸的经济属性都能够得到展现。

4.展现城乡融合发展格局

城乡融合关键在人，城乡融合评价标准中应该包含城乡居民能在乡村振兴功能载体上实现生活融合、生产融合、生态共享、成果分享。留得下，能够满足城乡居民生活需要、生产需要、生态需要的供给产品更多；能就业，能够满足城乡居民的生存需要、发展需要，实现就地就近就业创业；有未来，能够满足城乡居民发展需要，基础设施和公共服务配套需要，让乡村居民获得感、优越感、幸福感明显增强。

（二）社会资本

当前，我国经济已由高速增长阶段转向高质量发展阶段。推动经济高质量发展，不仅需要持续改善基础设施等"硬环境"，更需要深化体制机制改革创新，进一步优化营商环境，激发市场主体活力，在"软环境"上实现新的突破，实现综合竞争能力优势。还需要在政企联动、金融支持、协同作战中形成一系列实施方案和有效机制，确保多方联合驱动可持续、可长久。

1.良好的营商环境有利于激发各类市场主体活力

营商环境是一个系统性的环境，是伴随市场主体开展经济、社会活动的各种周围境况和条件的总称，通常包括政务环境、市场环境、国际环境、法治环境、企业发展环境和社会环境等。营商环境更强调市场化、法治化、便利化、国际化的"软环境"。营造公平高效、诚实守信、民主法治、稳定有序且可预期的营商环境，已成为推进区域经济高质量发展的必然选择。良好的营商环境，有利于吸引资金、技术、人才等各类发展要素的流入与集聚，促进区域经济从传统的成本优势向以品牌、资本、技术、服务、人才为核心的综合竞争优势转变，进而对经济增长、产业发展、财税收入、社会就业等产生重要影响。

2. 市场主体是推动高质量发展的微观基础

加强顶层设计与制度安排，实现整体推进。优化公平高效的营商环境，着眼于整个系统，进行顶层设计，全方位推进。进一步理顺政府和市场的关系，完善规则。要准确把握政府与市场社会的关系，处理好有为与无为的关系，进一步转变政府职能。鼓励市场主体创新，激发和保护企业家精神；营造更加开放的投资环境、更加便利的城乡融合环境、更加宽松的发展环境，激发企业创新发展的内生动力。大力推进营商环境法治化，依法办事，法治化是营造公平公正营商环境的根本保证。法治化营商环境是指政府、企业和个人都必须严格遵守法律法规，所有经济活动及行为都要依法从事。

3. 合理的投资回报率是推动社会资本投资的内在诉求

社会资本是乡村振兴投融资领域最具活力的力量。实施乡村振兴战略，要把农民的切身利益摆在首位。但在农民和农村集体企业参与市场经济时，凭借乡村各项资源使其享受乡村振兴的最大红利，需要社会资本乐于与其合作。因此，通过界定合理回报、建立风险防控机制，以区分社会资本中的短中长期合理生存发展空间。在规划项目时，就要合理规划好项目的投资回报率，既保障社会资本的兴趣，也要设计好合理风险分担机制；既要适当缓释和释放社会资本的投资周期，又不能简单地给社会资本风险兜底。

4. 乡村的业态结构发生变化及衍生新产业、新模式是社会资本的立地条件

乡村旅游、休闲度假、研学交流、培训会议等乡村新型服务业已成为东部沿海发达地区乡村振兴的主导产业，乡村电商等新技术和市场渠道对农业从满足自我消费为主向市场导向转型发挥了决定性的作用，新型经营主体的不断出现和壮大也使得农业朝着市场导向发展，从而不可避免地带来农业生产体系的重构。乡村产业结构的变化催化了乡村人口、就业、收入等结构性调整，也带来了乡村建

设内容和标准的变化。在推进乡村振兴战略时，必须考虑到农村新业态的培育和发展所带来的新要求。

（三）村民集体

就近就业是延缓人口外流的保障。就业是民生之本、财富之源。农民致富靠什么？靠就业、靠稳定的收入来源。无论是村民选择自己发展产业，还是选择到其他具有就业岗位的产业工作，都是通过就业作为保障支撑。乡村发展逻辑与城市发展一样，乡村只有实现就业，才能有发展，才会留住人、吸引人。

1. 就地创业是吸引农人返乡的关键要素

鼓励优秀青年返乡创业，为乡村增加就业岗位，带动乡村发展。架构乡村产业产前、产中、产后服务体系创业服务，挖掘农业一二三产业融合中衍生出的新业态、新服务推动就地创业。在农产品加工服务、农产品运输及储藏服务、产品质量检测检验服务及销售服务、电商服务、乡村旅游产品、研学产品、民宿产品、技能教育等方面形成创业切入点和配套服务，服务乡村振兴，进而实现自我价值。

2. 成果共享是城乡居民融合的内在诉求

要推进县域内城乡融合发展，加快农业农村现代化。可以说，我国城市化的发展，是农业支持工业、城市发展，是农村资金、人才、土地等资源要素支持城市发展。城市化阶段，更多是农村在资源要素、人才等方面服务城市发展。在中国实施乡村振兴新时代，则是工业、城市反哺农业、农村，要求城市资本、技术、人才等资源要素下沉，在城乡融合、新型城镇化中推动乡村实现全面振兴。

3. 基础设施与公共服务共享是乡村振兴的基础

基础设施和公共服务要城乡一体化、实现全覆盖，中国发展成果共享不能少了农民，共同富裕路上不能少了农民。乡村居民享受医疗卫生、教育、养老托育、文化体育、社会福利设施、垃圾污水处理设施、低碳化改造等设施配套，这是乡村振兴基本保障。推行绿色生产生活方式，打好污染防治攻坚战，打造农民安居乐业的美丽家园，也是使命职责。积极投资垃圾处理中心，安装污水处理系统，解决好污水处理、道路硬化、旱厕改造、电网改造等与农村生产生活密切的基础设施保障问题。道路一通，满盘皆"活"，农产品运出来了，游客也引进来了，乡村生态、乡村休闲、田园康养、乡土招牌也越擦越亮。

三、乡村振兴的决策核心是"人"

乡村振兴、关键是人，三产一体、关键在城。城乡居民共享共处才是乡村振兴可持续发展的初心和归位。乡村振兴的基础在生态环境保护和利用，其决策核心关键在人。城乡融合启动阶段的力量在城，落实载体基础在乡，乡镇城融合载体，是乡村振兴的承接平台，是城乡融合的供给平台，也是美好生活的展现平台。三产融合链条入口在乡，市场化路径的出路在城。乡村振兴不是千篇一律，有别于城市思维逻辑，核心是解决人本需求和激活就地化元素，将就地化基因挖掘出来，真正找到乡村的根和魂，将就地化的基因通过市场化方式和商业逻辑转换为乡村振兴的内生动力、产业驱动力，城乡融合发展的承接力及可持续的生命力。这也要求乡村振兴需要就地化的力量，多方聚合乡土人才力量、乡土情怀的力量、懂得乡村内涵的力量，才能把乡村建设得更加像"乡村"，让乡土韵味源远流长，农耕文化传承发展。

（一）人本核心

面对我国社会主要矛盾已经转化为人民日益增长的美好生活需要和不平衡不充分的发展之间的矛盾，美好生活不仅是新时代乡村旅游发展的根本目标，也是旅游业发展的新型动力。讲乡村建设行动的时候，其中最值得关注的是以人为本；做好乡村建设，就是更好地满足城乡居民的获得感、幸福感。习近平总书记指出，为了人民而发展，发展才有意义；依靠人民而发展，发展才有动力。

泰山九女峰乡村振兴齐鲁样板示范区，以新型城镇化为背景，以乡村振兴为抓手，以三产融合为内核，聚焦产、学、养、游四大核心产业，打造集乡村文旅、康养度假、高效农业于一体的国家级农村产业融合发展示范园，被山东省委确定为乡村振兴新典型，山东省总结的十大经验之一。据统计，泰山九女峰乡村振兴示范区19个村子按照"一村一品""一村一韵"打造，串珠成链、优势互补、连片发展，其核心就是发展一大批乡村富民产业，推动乡村更加宜居、供给更加完善、村民更加富有，逐步实现全域发展、共同富裕。一切的自信来源是经济发展和村民富裕，乡村振兴的信心也是建立在村民发展的基础之上，村民的富裕富足是解决一切问题的根源。

1. 乡村建设行动为城乡居民而建

城乡融合发展要体现"以人民为中心"的思想，以共同富裕为目标，创建利于城乡居民共建共享共赢的城乡利益联结机制，以促进城乡居民共享经济社会发展成果。城市作为市场机制的主要受益区域，要打开大门降低门槛，降低农民定居城市的成本，减低住房成本，共享城市公共服务和社会保障，让为城市建设和发展付出汗水的农民群体能够分享城市发展成果。探索增量利益就地化共享机制，在城镇化进程中统筹考虑城乡利益，尤其对平台型产业发展项目，给予乡村集体参股和分享收益的机会，确保城镇化进程中乡村有充足的发展空间。以完善产权制度和要素市场化配置为重点，促进城乡要素自由流动、平等交换。对于城镇新建项目、新开发的建成区，探索通过股份共占、建设合作等方式，保证农村集体和转入城镇农民在未来城镇发展中获得持续收益流。落实《关于调整完善土地出让收入使用范围优先支持乡村振兴的意见》，逐步达到土地出让收益至少50%用于农业农村。要充分发挥城市与乡村的比较优势，推动城乡要素对接。对于城市居民携带先进技术、资本到农村发展产业项目，建立和完善城乡投资者双方利益保障和共享机制。通过充分对接，促进各类要素更多地向乡村流动，在乡村形成人才、土地、资金、产业、信息汇聚的良性循环。

2. 乡村建设行动为人才归位筑巢

《关于做好 2022 年全面推进乡村振兴重点工作的意见》文件指出，要"加强乡村振兴人才队伍建设""实施高素质农民培育计划、乡村产业振兴带头人培育'头雁'项目、乡村振兴青春建功行动、乡村振兴巾帼行动"。这为新发展阶段加强乡村振兴人才队伍建设提供了指引。近年来，在国家政策的引导和推动下，乡村人才队伍培育及建设不断加强，本土人才培育、城市人才下乡、专业人才服务的乡村人才发展格局取得了阶段性成果。实行城乡之间的人才交流与互动，营造人才双向流动常态环境。制定科学的人才引进和管理制度，加大财政支持力度，强化民主监督力度。通过政府与社会各界营造倡导回归乡村的氛围，打好"乡情牌"和"乡愁牌"，念好"招财经"和"引智经"，实施"头雁工程"、推动"塑雁工程"、狠抓"强雁工程"、开展"爱雁工程"、夯实"群雁工程"，助推乡村人才振兴。

（二）就地化基因

1. 传统文化基因

中华优秀传统文化是中华民族的宝贵精神财富，也是中华民族走向复兴的重要思想资源和精神力量。实现中华民族的伟大复兴，这个梦想深深扎根在中华传统文化的沃土之中。中华优秀传统文化对中华民族的价值观念、生活方式和发展道路产生了深刻影响，孕育着中华民族的精神品格，培育着中国人民的价值追求，因此，它也成为中华民族伟大复兴中国梦的文化基因和精神标识。

从宏观层面看，中国梦继承了中华民族"刚健有为、自强不息"的文化基因，体现了中华民族的精神气质。刚健有为、自强不息是实现中国梦的重要动力源泉。这种精神基因体现着中华民族最深沉的精神追求，是中华民族生存、发展的生机和活力所在，也是区别于其他民族的独特精神标识。中国梦传承了中华民族悠久的家国天下情怀，凝聚着民族复兴的文化血脉。国家富强、民族振兴和人民幸福是中国梦的基本内涵，这些内涵也是对中华传统文化中家国天下情怀的继承和发扬。在中华传统文化中，发展经济、实现富强始终是先贤圣哲的追求。

从微观层面看，传统文化大致有传统习俗、传统建筑、古街古巷、传统文艺、传统思想等载体，但因地区差异性、气候差异性、土壤的差异性、农作物差异性等，展现形式不同、继承方式不同。乡村振兴从长远来看，一定要发挥好文化助力乡村振兴的力量，确保可持续性。文化价值市场化实现路径的关键是要把文化在地性知识变成乡土游学、乡土体验、乡土教育，成为内生动力的源泉。乡土文化绵延万年，至今仍然是中华民族 5 000 年文明不中断的主要基础。如果不把乡土文化、在地知识开掘出来，那么乡村振兴就会缺乏内涵驱动，也很难实现农文旅商学研融合发展格局。乡土文化的商业化路径就是文创产品的显性展现。文创产品最大的魅力在于，将传统的文化元素赋予新的时代特征，激发起人们对传统文化的兴趣和热爱。通过深入挖掘地方民族文化，明确文化主题、产品表达载体以及文创产品的消费人群，开发出具有特色内涵的文创产品，在延长产业链丰富运营业态的同时，又能让消费者从中获得多样的实用功能，获取更加丰富的文化知识，引起精神层面的共鸣。"袁家村"作为全国乡村振兴的样板之一，很多地方都学习效仿、复制再造，但效果不佳。袁家村的成功是因为袁家村的在地性，是基于袁家村乡土文化的在地性，包括消费群体习惯、传统风味，包含水、土壤、产品特色、生活场景及袁家村的原居民，一方水土养一方人，这些难以复制。袁家村模式就是把关中地区的生活特质、区域属性融入到袁家村这个城乡融合功能载体上，把关中作坊文化变成乡村振兴的驱动力，形成具有袁家村区域聚合特色的关中生活体验地，支撑了袁家村城乡融合欣欣向荣场景。

2. 生态底蕴基因

如何实现环境与经济的协调发展，是中国政府一直以来就展开探索的课题，并经历了从环境保护理念到生态文明理念升级转换的发展历程。在实现上述转换的过程中，中国政府不仅始终坚持群众路线和以人为本的政治价值取向，而且把能否推进生态文明建设看作是关系国家富强、民族复兴和人民幸福的"国之大者"。乡村振兴生态底蕴及价值实现，包括农田生态经济、森林生态经济、草原生态经济、水域生态经济等。生态经济问题具有明显的地域特殊性。社会经济发展，不仅要满足人们的物质需求，而且要保护自然资源的再生能力，永久保持人类生存、发展的良好生态环境；要保证经济增长和生态环境的可持续性，找到经济系统和生态系统协调发展的最适应模式。

3. 特色农产品基因

我国地理分布决定了区域农产品的特点。秦岭—淮河一线是我国一条重要的地理分界线，北方的主要农作物为小麦，南方的主要农作物为水稻。由于两侧气温和降水量的差异，导致了不同的气候特点。南方地区水热条件丰沛，光热水组合好，地形平坦，土壤肥沃，灌溉水源充足。

山东与全国具有类同性，也符合我国农业大国要求，更具有示范效应。山东作为小麦、玉米、蔬菜等大田农业种植区，形成了区域农产品特色。如寿光蔬菜、章丘大葱、金乡大蒜、烟台苹果、莱芜生姜等在全国具有一定的影响力，占据一定的市场份额。伴随地域性农副产品公共品牌的形成，农产品基因得到市场化展现，成为造福于民的主导产业。再比如，广西柳州市已建成全国首家以螺蛳粉为主题的特色小镇，以引领螺蛳粉产业健康有序发展为总体目标，构筑"螺蛳粉+"产业链条，带动关联产业协同发展，推动各种功能产生叠加效应，将预包装螺蛳粉上下游核心产业、支撑配套产业、拓展延伸产业集中落位在不同片区，构建产业发展集群式空间组团，实现产业功能、旅游功能和社区功能融合发展。2020年，螺蛳粉销售收入110亿元、配套及衍生产业销售收入130亿元；同时，通过一二三产融合发展，创造了30多万个就业岗位。

4.红色文化基因

近代中国中华民族饱受劫难，在"救亡图存"与"振兴中华"的历史使命感召下，中国人民自强不息、奋斗不止，这种精神正是中华传统文化的精髓，这种自强不息的文化性格和民族精神是中华民族能够持续发展和繁荣的文化动力源泉。"红色基因"是一种革命精神的传承，是中国共产党的最核心生命力。正是红色基因的代代相传，才使党有了发展壮大的思想和精神根系，才使党有了领导中国人民从站起来到富起来再到强起来的力量源泉。瑞金、井冈山、遵义、延安、西柏坡无一例外地因为"红色"而书写了历史。红色，象征光明，凝聚力量和引领未来。红色基因孕育了永放光芒的抗洪抢险精神、抗震救灾精神、北京奥运精神、载人航天精神等，鼓舞着一代又一代中华儿女为了中华民族伟大复兴而坚强自立、坚持梦想、勇往直前。面对敌对势力的阻挠诋毁，面对自然灾害的汹涌来袭，我们不动摇、不懈怠、不折腾，用勤劳和智慧、用坚定与执着，写下了令世人惊叹的中国故事。

（三）融合目标

乡村振兴，城乡融合发展，需要实现人的融合、经济融合、空间融合，既是微观层面的格局展现，也是宏观层面的经济、空间层面一体化，是立地化、平面化、空间化的系统逻辑。

1. 人的融合

城乡融合阶段的人口流动趋势是双向流动，是一种相对平衡的动态关系，是城市化和逆城市化相伴迁移。广阔的城市郊区和乡村地区是人口迁移的新方向，居住在郊区，通勤在城市是生活的常态。郊区和乡村地区对人口的吸引力主要有优美的自然环境、广阔开放的土地和相对低廉的房价，便利的交通打破了乡村与城市劳动力市场和社会服务的空间障碍，解决了在乡村生活的后顾之忧。伴随城乡基础设施和公共服务全覆盖，乡村不断完善有的设施建设和公共服务，加上良好的生态环境、自然基础，更具有生活体验、康养宜居、休闲度假的美好去处。

未来乡村会聚集不同类型的群体，有城市精英、中产阶级、新农人、乡村度假人、长居康养群体、研学科普群体、参观调研群体等，从服务群体角度将分为外来游客、当地居民、旅居客层及其他城乡居民，如图 3-1 所示，形成以新农人为核心的带动者，以休闲度假客为核心的消费者，以原住居民为核心的受益者发展格局。架构 "1+3+N" 目标融合城乡居民人群，首先，会吸引城市精英、中产阶级、乡土情怀的人群入住乡村；其次，这些人分享了城市发展的红利，有理念、有能力、有基础选择乡村获得幸福居所。因此，乡村规划、乡村建设、乡村运营要更加满足多元融合群体的乡村体验、生活配套需求。

"1+3+N"

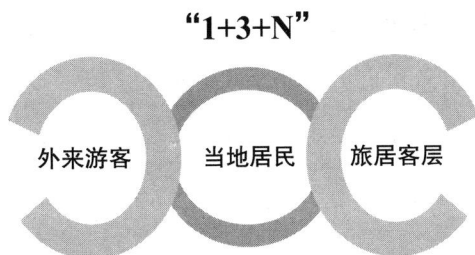

外来游客　　当地居民　　旅居客层

以新农人为核心的带动者，以休闲度假客为核心的消费者，以原住居民为核心的受益者

图 3-1　乡村的服务群体

2. 经济融合

经济发展是实现城乡融合的主要力量，只有城乡经济鸿沟消失，达到同频，城乡融合战略目标才能实现。城乡融合发展必须改变城乡经济结构，进而改变城乡的产业结构，使产业结构更加合理化。城乡融合发展需要将城市聚集的产业下沉到乡村，在产业上形成融合互促。特别是随着县域经济发展，城市中的一般制造业、区域性物流等功能性产业下沉乡村，城乡产业结构差异缩小，城乡产业结构实现互补，经济融合度提升。伴随着居住人口不断迁移到郊区和乡村，郊区和乡村地区的经济活动不断增加，带动一般制造业、服务业优化升级，乡村经济贡献度大幅提升，城乡收入差距缩小、生活水平差距缩小。在低发展水平的经济体中，城市和乡村在收入、教育和职业结构、基础设施、公共服务等方面存在较大差距，影响了乡村经济发展。但在高发展水平经济体中，城乡融合，补齐乡村生活、生产、生态短板，依托乡村优质生态自然资源，人们对乡村的生活满意度接近或超过城市，和美乡村必将加速呈现。

3. 空间融合

随着 5G 技术、物联网、大数据等现代信息技术的推广和应用，城乡物理空间限制被打破，城乡融为一体，形成完整的生活系统。城乡互为供需方，在立体空间和平面资源上，乡村能够实现三产融合发展，精准对接目标需求。在城乡融合阶段，城市和乡村的特征相互交织，出现明显的城乡连续体空间形态，城乡融合发展的功能载体，即可承接城市功能，又可满足乡村需要。目前，在一些发达省份已出现了现代农业示范区、产业集聚区、生活社区、商业配套区、休闲度假区、颐养健康区、乡村度假区，成为城乡融合的连续体，与大城市群、功能性县城、县域新城镇化形成空间布局和载体裙带，具有更大的关联空间和生态延展性。

四、立足"四为"，创建发展大格局

（一）为耕者谋利

1. 食为政首，粮安天下

耕者乃人类粮食的唯一生产者，其切身利益至高无上，尊重劳动，以带动耕者增收为己任，这是乡村振兴展现的格局和担当。农民是种粮的"主力军"，农民种粮能赚到钱，才能调动和保护好种粮积极性，粮食安全才有保障。2022 年中央 1 号文件明确指出，要按照让农民种粮有利可图、让主产区抓粮有积极性的目标要求，健全农民种粮收益保障机制。我国粮食产量实现十九连丰，2021 年达到68285 万吨。近年来，国家不断加大补贴政策，千方百计降低农民种粮成本，保障种子、化肥等农资价格基本稳定，都是暖心之举，稳住了种粮人的心。

2. 粮食是关系国计民生的特殊商品

要坚持科技引领，开辟"种植向优、加工向精、产业向新"的产业发展之路，带领村民共同致富。紧紧围绕"粮头食尾""农头工尾"，加快构建现代化粮食产业体系，要深入实施粮食绿色仓储提升、粮食品种品质品牌提升、粮食质量追溯提升、粮食机械装备提升、粮食应急保障能力提升、粮食节约减损健康消费提升"六大提升行动"。扶持发展种粮大户、家庭农场等新型经营主体，推动粮食产业创新发展、提质增效，粮食产业的市场竞争力强了，农民种粮的内生动力自然也足了，进而形成良性循环。

3. 优质粮食工程注重产购储加销"五优联动"

优粮优产，由增产向提质转变，以加工业引导粮食产区调整，优化种植结构；优粮优购，以市场机制支持加工贸易企业发展订单收购，按加工用途对粮食分类定价等；优粮优储，推广绿色储粮技术，实施粮库智能化升级改造；优粮优加，推广粮油产品适度加工，增加绿色营养健康粮油产品供给；优粮优销，提供原粮产地、收获时间、储存方式、加工流程等追溯信息，让消费者看得明白，用得放心。

（二）为食者谋安

1.民以食为天，敬畏生命，为食者负责，提供安全、营养、健康食品，就是为食者添福增寿

从源头上保障农畜产品食用安全，确保农产品农药残留不超标。进一步推行承诺达标合格证制度，让人民群众认识到承诺达标合格证是农产品市场流通的"身份证"，是农产品质量安全监管的一种重要手段。宣传农畜产品禁限用农药名录、普及农药相关知识、畜禽养殖中禁止使用的药品及其他化合物清单，要求民众知晓，经营使用者熟悉，并严格遵守农药休药期的规定，科学安全地使用农药、兽药，确保农畜产品质量安全。贯彻落实《中华人民共和国农产品质量安全法》，要求生产经营者做到知法懂法不犯法，引导消费者正确辨别、积极监督农产品质量安全。

2.食品安全既包括生产安全，也包括经营安全；既包括结果安全，也包括过程安全

食品的种植、养殖、加工、包装、储藏、运输、销售、消费等活动符合国家强制标准和要求，切实保障老百姓吃上绿色安全农产品。绿色食品因富含更多营养，减少人体健康风险而成为未来农业和食品发展的主导方向。要充分结合当地好山好水好土地好气候所带来的绿色食品的美誉度，拓展优质绿色食品产业链，让城乡居民、游客在吃好、住好、玩好的同时，还有好的产品可买可带，让旅游业促进加工贸易业发展，让加工贸易业吸引更多游客，形成良性互动。

（三）为居者谋宽

1.住有所居，安居乐业，是千百年来中国人最基本的梦想和追求，也是政府民生工作的重中之重

多年来，乡土一直是人们心底一抹月夜清辉，一种情怀，更是精神的归宿。新中国成立初期，我国城镇化率只有 10% 左右，到 2020 年已超过 60%，意味着有 50% 的城市群体，来源于农村，献力城市发展，共享了城市发展红利，这些人对乡土更具有情怀。在乡村振兴新时代，当基础设施与公共服务城乡一体化，乡村环境更加宜居，生活更加便利，出行更加方便，从乡村走向城市的这些群体更加愿意选择乡村而居，这是乡村振兴不可或缺的力量。颜值与实力并存的乡村生活社区，有儿童乐园、活动中心、商务会客等组成生活场景，在繁与静的更迭中寻找平衡，以一种全新的生活维度，为居者呈现幸福生活的多样选择。

2.绿色环抱，提"颜值"增"气质"，绿色屏障描绘乡村生态"底色"，绿色是乡村的"生命"

绿树环抱、生态和谐，人在村中、家在绿中、住在景中，乡村的魅力正在绽放。一个闻者向往、来者依恋、居者自豪的宜居宜业宜游的乡村环境，让生活在这里的每一个人都更有自豪感、幸福感、归属感、获得感，让来乡村体验生活的每一位游客都爱护她、迷恋她、向往她。

（四）为业者护航

1.产业发展是保持经济社会平稳发展的重要抓手

习近平总书记强调，"产业链环环相扣，一个环节阻滞，上下游企业都无法运转"；并明确要"坚持全国一盘棋，维护统一大市场"。受新冠疫情对全球产业链的冲击影响，如何打通产业链各个环节，不失时机地畅通产业循环显得尤为重要。要稳产业链，发挥央企、省属国企龙头产业牵引作用，打通供应链、协同上下游，保

持我国产业链供应链的稳定性和竞争力。央企、省属国企及涉农企业须充分发挥影响力、带动力和全产业链优势，用共赢理念为产业链供应链"赋能"，在保障就业民生、推动国民经济发展和国际产能合作等方面发挥中流砥柱的作用。

2.企业要发展，离不开良好的营商环境

在农业领域，主动作为，精准服务，不断加强营商环境建设，为农业企业发展注入新动能，推进乡村振兴。《社会资本投资农业农村指引（2022年）》提出，各级农业农村部门、乡村振兴部门要把引导社会资本投资农业农村作为重要任务，加强与政府有关职能部门的沟通，推进信息互通共享，协调各有关部门立足职能、密切配合、形成合力。要建立规范的合作机制，引导社会资本积极参与相关规划编制、项目梳理，严格遵循乡村规划"三区三线"的空间管制，准确把握投资方向，积极探索具体方式，提高各类项目的落地效率，充分发挥政府、市场和社会资本的合力作用。同时，业者护航，需要当地政府在工商、财税、人事、知识产权、法律、金融、行政服务等方面形成良好的营商环境。

五、突出重点，做好规划和引领

建立高质量规划引领体系。要统筹产业规划、专项规划、村庄规划、人才规划等，以《乡村振兴战略规划（2018—2022年）》《"十四五"推进农业农村现代化规划》等为总纲，与国家战略目标、省级战略目标及市县发展目标融合，将县域、镇域中长期计划融入乡村振兴规划体系中。以种植业、渔业、畜牧业、种业、农垦、农业科技、农业机械、农田建设和农业国际合作等相关规划为指导，以地方农业农村发展有关规划为补充，高站位地规划乡村振兴项目，打造市级、省级、国家级示范项目。引导社会资本突出重点、科学决策，有序投向补短板、强弱项的重点领域和关键环节。

并非每个村庄都可以实施振兴，关键看乡村有没有可持续发展潜力、符不符合村庄居民发展需要和宜居宜业人口回流条件。乡村振兴已经超越传统村落，三产一体、城乡融合要求乡村振兴走向片区引领模式和全域发展模式，才有可能实现资源集聚价值最大化、三产一体的规模化、生态基础平台化，生活方式市民化，都需要有更大片区才能展现乡村振兴示范效应和带动效应，才能更加全面地展示乡村振兴三生格局。产业兴旺是解决一切问题的前提，找到主导产业，没有经济保障，五大振兴无从谈起。

（一）以全局谋划一域，以一域服务全局

规划引领，要求以全局谋划一域，以一域服务全局，这是乡村振兴的内在要求，也是全域发展的客观条件。超越村庄的片区（全域）开发模式，超越乡村的城乡融合共同体，是实现全域发展、全域振兴、共同富裕的客观需求。地方政府要围绕基础设施建设、产业服务、科技创新、产业融合、品牌打造等方面做好乡村振兴规划，做好项目规划与投融资规划的有效衔接，明确项目建设的内容，建设的模式，投资的回报水平，给予社会资本明确的预期，以增强其信心。如何从观光旅游向体验旅游转变，需要用活乡村的本地化元素，而不是城市化的照搬照抄。要按照乡村原有的脉络进行梳理，策划新产业，引进新思想，让更多年轻人回到村庄，将规划与运营有机结合，让美丽乡村产生美丽经济。要创新产业规划设计，打造合理的乡村空间格局、产业结构、生产方式和生活方式，促进乡村人与自然和谐共生，让更多人爱上乡村。现在许多乡村建筑盲目模仿城市建筑，不适合乡村特点，庸俗而又没有美感，这都是因为缺乏懂乡村特点的设计师造成的。要根据农村的自然条件，设计出适合乡村特点的建筑与打卡景点，促进乡村经济的发展。

（二）循序渐进，久久为功

规划引领要通过一张蓝图展示未来乡村生产、生活、生态场景格局，系统解决乡村发展面临的具体问题。要求循序渐进、久久为功，尽力而为、量力而行，合理确定时序和步骤，划定永久基本农田、生态保护红线和城镇开发边界，保护延续历史文脉，严控地方政府债务风险，防止资本无序扩张，加强公共安全保障，优化应急管理体系，防范化解重大风险隐患。规划要统筹县域城镇和村庄规划建设，通盘考虑土地利用、产业发展、居民点建设、人居环境整治、生态保护、防灾减灾和历史文化传承，实现县乡村功能衔接互补。在科学编制县域村庄布局规划的基础上，按照人口走势与经济发展基础，合理编制新型城镇化实施方案，实现人口聚集发展。规范开展全域土地综合整治，合理推进农用地、建设用地整理、生态空间优化，坚决遏制耕地"非农化""非粮化"，严禁违背农民意愿大拆大建，强迫农民上楼。

（三）以人为本，服务目标群体

规划引领要以人为本，精准找到城乡融合目标群体，打造乡镇城融合功能载体，构建更高位、更具有黏性的乡村功能载体，推动乡村平面资源、立体资源变现。乡村产业要与新型城镇化融合发展，实现以产促城、以城兴产、产城融合、区域全面发展。强化农业基础地位，调整优化农业种植养殖结构，发展高效绿色农业，推进种养循环、水肥一体化等技术应用。延伸产业链，通过农产品深加工、冷链物流体系建设、优势产区批发市场建设等方式，把产业链主体留在当地。拓展"农业+"模式，农业与旅游、教育、文化等产业深度融合，拓展生态、生活功能，发展新型创意产业。培育新业态，发展电子商务、创意农业及高科技农业，促进农产品定制化服务。引导产业集聚发展，构建全产业链发展模式，发挥区域农产品优势，实现一二三产业融合发展，形成一体化融合聚集发展模式。

（四）制定实施方案，系统解决问题

规划引领要统一思想、一张蓝图干到底。实施乡村振兴战略，要求全局谋划实施方案，没有系统的实施方案，乡村振兴之路很难持续。乡村振兴首先要明晰未来发展蓝图、构建什么样的乡村三生场景、实现什么样的愿景目标；其次要对现有资源进行盘点、梳理问题、提出短中长期发展目标，导入建设时序和执行计划，并对发展中存在的问题提出系统性的解决方案。规划初心就是建立共识、解决问题、完成目标，规划引领就是引领党的力量、政府力量、基层组织力量、科技力量、产业力量、社会资本力量形成组合拳，全面助力乡村振兴，把短期事干成，把中期事分阶段执行好，把长期的事谋划好、推进好，朝着目标勇往直前。系统实施方案分为四个阶段：一是顶层设计阶段。全域发展规划、产业规划等做到多规合一，突出整体规划、一张蓝图。二是金融支持阶段。分阶段实施金融模式创新，整合金融资源，支持全域发展。三是开发建设阶段。一二三产业开发联动，强调突出主体，分期合作开发。四是运营发展阶段。产业落地与运营管理强调平台企业引导，多方合作。

六、发展乡村产业，离不开匹配的建设用地

乡村振兴产业项目是基于土地和土地应用价值的系统化判断。发展乡村产业，架构农旅康养商学研全域综合体，必须匹配适度的建设用地，以满足大众旅游时代乡村休闲旅游的"吃住行游购娱"功能需要。不能吃、不能住、不能娱就留不住游客，也就不会有更多的消费外延，影响乡村经济价值的实现。加强乡村振兴用地保障，健全农村土地管理制度，完善农村新增用地保障机制，盘活农村存量建设用地，激活农村土地资源。

乡村土地包括耕地、林地、集体建设用地（宅基地），对于集体经营性建设用地，可以通过协议和招拍挂的方式获取土地使用权。集体建设用地分为村集体经营性建设用地、宅基地、村集体服务业用地。经营性用地和宅基地成为目前使用的方向。

（一）集体建设用地

村集体的经营性建设用地，是村集体为了发展产业而申请的经营性建设用地。这个建设用地有三类地：一是过去的村集体企业、村办企业的公共用地；二是过去做一些养殖场等具有经营性的用地；三是重新申报的经营性建设用地，其申报渠道是经村集体申请后通过规划，再由县级人民政府批准后予以使用。对于没有资产属性的村集体服务业用地，比如说，村委会、办公用地，包括医疗室、图书室，虽然是集体建设用地，但不能做商业应用，投资要谨慎。四荒土地和一般耕地可以实现乡村旅游发展模式。

（二）宅基地

按照国家相关法规规定，宅基地只可以在村集体和村民之间进行买卖和流转，资产的所有权受到限制。从村集体建设用地的分类（宅基地、建设用地）和获取方式上看，企业或个人投资，一定要通过村民个人、村民代表、村集体和县级人民政府这几个程序，通过协议转让才能有效。国家在集体建设用地方面的探索就是，在集体建设用地入市方面形成一套有效的办法，引导城市企业和资本下乡，实行合作开发、联建联营，企业参与时可以采取入股、租赁的方式。

（三）四荒地

鼓励四荒用地发展休闲农业。四荒地不用转为建设用地也可以发展休闲农业等三产融合项目，包括农家乐、休闲农庄、农村民宿和农村养老院等。城乡土地利用将迎来新的变化，成为城乡融合发展红利。

（四）提高建设用地利用效率

促进城镇建设用地集约高效利用，实行增量安排与存量消化挂钩，严格控制新增建设用地规模，推动低效用地再开发。鼓励地方结合实际，合理划设工业用地控制线，推进"标准地"出让改革，健全长期租赁、先租后让等市场供应体系。提高低效工业用地容积率和单位用地面积产出率，建设城镇建设用地使用权二级市场。推动不同产业用地类型合理转换，探索增加混合产业、复合功能用地供给。鼓励地方完善老旧厂区和城中村存量建设用地用途转变方式，探索建设用地地表、地下、地上分设使用权。推广以公共交通为导向的开发（TOD）模式，打造城乡融合综合体。

典型案例

中郝峪位于山东省淄博市博山区池上镇，是一个地处鲁中山区深处的典型山村。因地处山沟，交通不便，人均耕地少，靠天吃饭，长期处于贫穷状态。近年来，通过采用新型农村集体经济模式发展乡村旅游，创新了"全民入股＋公司化运营"的发展模式，取得了良好成效，实现了资源整合、统筹协调、可持续发展。

在村两委的主持下，成立村级公司，对劳动力、闲置房屋、山林、菜地、果园等有价值的资产，通过召开村民大会的形式选出评估小组进行资产评估、折价，并可在本村内转让继承。同时，对全村集体资产进行确股确权改革，并加入到公司发展中来。通过对农村集体产权制度的有益探索，将公司资本、村集体资产、村民资产进行整合优化，完成了资源变资产，现金变股金，村民变股民，让每一个乡村资源的使用效率大大提升，每一个农户都能享受到发展成果。

为了避免乡村旅游中容易出现的同质化经营、恶性竞争等问题，中郝峪还成立了旅游公司，主要负责全村的旅游项目开发运营，通过村规民约，实行统一管理、统一服务、统一收费、统一标准。其中，游客接待及分配由公司统一安排、统一价格、统一收支，经营业户提供专业服务。

中郝峪模式成功的关键在于：

（1）有一个强有力的基层领导班子。村领导班子团结，村民拥护，持续带动村民走向共同富裕。在乡村治理过程中，村党组织积极引领，村民自治，进行现代企业管理，找到了乡村善治的新路径和新方法。

（2）有一支专业化、高水平的经营团队。人才在乡村经济发展中起到了重要的支撑作用。中郝峪经营团队是一支有专业知识、市场意识和创新能力强的年轻人才组成。

（3）农民参与性强。中郝峪户籍农民全部参股开发乡村旅游，大家在发展集体经济的过程中形成了较为有力的利益共同体，能够在乡村事务中发挥主导作用，在决策上更容易达成共识。

第四章

设定五线融合操作系统

乡村振兴示范县、乡村振兴示范镇、乡村振兴示范村的建设，成为实施乡村振兴战略的助推器。示范县、示范镇、示范村创建，都是五大振兴系统的综合实施工程，有明确的发展规划，是实施乡村振兴的前提，一个高质量的发展规划是乡村振兴立地和发展的基础，彰显政治、社会、经济三大属性，展现综合经济效益提升和示范引领作用，必须综合考虑规划执行、落地性，明确项目实施节点，有序制定推进计划、工作目标和任务清单。在此基础上，提出"生态线、产业线、利益线、品牌线、机制线"五线融合系统，作为全面实施乡村振兴总抓手。

一、五线融合系统满足了五大需要

(一) 战略落地需要

基于战略落地的匹配性、发展规划可操作性，综合全域开发的实践探索，提出五线融合系统，作为乡村振兴示范县、示范镇、示范村的落地抓手。五线融合系统的架构，要求乡村振兴战略宏观层面与微观战术层面高度融合，顶层设计与乡村实践高度匹配，是乡村振兴系统化实施方案与区域功能定位美好格局的展现，也是乡村振兴新时代的操作蓝本与可持续发展的体系保障，更加重视联合驱动力、综合施策力、落地保障力和多元价值展现力。

(二) 全域发展需要

五线融合系统基于乡村振兴内涵逻辑，尊重生态肌理、文化禀赋、产业基础、城乡定位及当地发展诉求，尊重因地制宜、尊重差异性，讲求五大系统联合融合作战。缘于乡村千差万别、各具特色，乡村振兴不是闭关自守、一成不变，也不是单兵作战，培养个体英雄，而是讲求开发格局、全社会参与。乡村振兴不是村庄振兴，是区域连片建设、整县推进、全域发展，让更多人分享乡村振兴成果，实现共同富裕。既要充分发挥自身优势，打造具有个性的自我，更要强化纵深拓展，"串点成线"展现示范效应，输出经验路径。

(三) 力量聚合需要

五线融合系统既是空间融合、立体再造，也是经济属性联结、社会功能展现，是组合逻辑，是战略格局微观层面的展现，是战术实施的基本单元组合、力量编成集合。基于示范村、示范镇、示范县创建方向，以片区开发、县域经济、全域发展的视角，进一步对核心要素梳理，形成组合拳，是对乡村振兴战略宏观、战术微观、落地实操过程的全面阐述。在实施乡村振兴战略中，强调城市向农村的要素流入和财政支持，盘活县域资源，推进城乡融合发展，打造乡镇城融合发展格局。

五线融合系统融合，新型城镇化发展力量、三产融合产业链力量、品牌赋能力量、机制有效力量，这些都意味着我国乡村振兴是在城乡融合、新型城镇化背景下进行的，从乡村区域谋划乡村振兴布局，以乡村一域服务县域发展大局，更加需要将"生态线、产业线、利益线、品牌线、机制线"五线融合、系统驱动、联合发力，才有能实现乡村振兴、县域经济的可持续发展。推进城乡融合发展，关键在于城乡居民对于生产生活生态功能的满足，才能引导、吸引乡土情怀城市群体返乡，推进乡村建设行动。要解决城乡居民住下来、干起来、有未来，必须强化小镇能力建设配套，达到满足甚至超越城市的乡村幸福指数。可以说，城乡融合解决城市资源要素来的问题，新型城镇化要解决资源要素聚集与"以人为本"城乡居民住下来，住得舒心、安心、放心，能长久地聚集于此并带动资源要素助力发展的问题。

（四）城乡融合需要

五线融合系统的核心是以人为本，一切源于消费时代元素，满足城乡居民需求。已发展 20 多年的中国房地产市场将真正出现历史性的转折，开始迈入由住房投资品为主向消费品为主发展的快车道。乡村旅游成为新时代促进居民消费升级、实施乡村振兴战略、推动高质量发展的重要途径。我国有 4 亿中产阶层，这是一个庞大的人群，合起来是一个很大的消费市场，成为带动经济增长主要贡献者，也是乡村振兴的带动者。随着消费人群与消费习惯的改变，消费需求也趋于多样，更注重体验、品质、个性、口碑，乡村功能转型、消费场域提升，需要有更大格局承接消费下沉带来的红利。乡村空间规划、创新应用、场域再造，给消费者带来更好的体验，创造更多元的价值，这是五线融合系统必须能够输出的力量展现。

二、五线融合系统的五条指引线

（一）生态线

1.生态线为基础线，是实现城乡居民融合的基础，也是保证乡村生态肌理可持续发展的内在要求

2005 年 8 月，时任浙江省委书记习近平同志来到余村考察，以充满前瞻性的战略眼光，首次提出"绿水青山就是金山银山"的重要理念，成为推进现代化建设的重大原则，成为全党全社会的共识和行动。保护生态环境就是保护生产力，改善生态环境就是发展生产力，绿水青山既是自然财富、生态财富，又是社会财富、经济财富，绿水青山本身蕴含无穷的经济价值，是人类永续发展的最大本钱。乡村生态资源，包括阳光、水、空气、土壤、山林、湖草、沙海、传统载体、历史遗迹等，乡村自然资源、生态资源、文化资源，是乡村增值的核心资源，构成了乡村振兴的内涵驱动要素。乡村振兴战略背景下，乡村资源系统性立体性开发和系统性保护，是实现乡村资源经济价值的重要路径。

2.现代化绿色发展体系的基本特征是资源节约、环境友好

围绕建设现代化的绿色发展体系推进现代化，既要创造更多的物质财富和精神财富以满足人民日益增长的美好生活需要，也要提供更多的优质生态产品以满足人民日益增长的优美生态环境需要。现代化绿色发展体系具体内容涉及：由资源高消耗、环境强污染和废弃物高排放转向绿色循环低碳；大力发展绿色技术，通过技术创新驱动绿色发展；发展绿色产业，建立健全绿色低碳循环发展的经济

体系；倡导简约适度、绿色低碳的生活方式，促进人与自然和谐相处。

如何彰显特色？最大的优势是资源资产丰富，生态优势型乡村如何凸显山水特色；如何守住底线？生态文明建设背景下，乡村地区应保护山水林田湖草的生态格局；如何保障实施？让农民的获得感、幸福感、安全感更加充实、更有保障、更可持续；如何持续发展？坚持生态优先、践行绿色发展。

从需求侧来看，城乡之间的差距在于经济发展的差距，这是城市 40 多年聚合式发展造成的城乡二元格局、城乡差距。城乡融合发展后，经济高度关联，基础设施、公共服务互联互通，城乡差距主要体现在生态资源上，这是乡村有别于城市的最大资源优势。各地应结合自身发展情况探索经营性生态产品价值实现助力产业兴旺的作用机制，厘清经营性生态产品与消费主体之间深度耦合关系，进而构建经营性生态服务产品价值实现的市场机制。从落实层面而言，各县市应利用现有平台和资源，积极探索生态产品市场需求和产业供给的高效对接模式。这是中国全面进入乡村振兴时代的历史机遇，是美丽经济在时代大势中的必然选择，是健康中国时代的内涵诉求。

3.生态宜居是乡村振兴的内在要求

实施乡村振兴战略，要深入学习贯彻习近平总书记的生态文明思想，把生态宜居的要求落到实处，充分发挥乡村生态优势，让良好生态环境成为乡村振兴的重要支撑。习近平总书记在海南考察时强调："乡村振兴要在产业生态化和生态产业化上下功夫，继续做强做大有机农产品生产、乡村旅游、休闲农业等产业，搞好非物质文化遗产传承，推动巩固拓展脱贫攻坚成果同乡村全面振兴有效衔接。"

以生态产业化打开致富惠民之门。建设美丽乡村，不仅要追求田园风光之美，而且要保证农民持续增收、过上幸福美满生活。实践证明，农村生态环境好了，生态农业、养生养老、森林康养、乡村旅游就会红火起来，土地上就会长出

"金元宝"，生态产业就会变成"摇钱树"，田园风光、湖光山色、秀美乡村就可以成为"聚宝盆"。推动乡村振兴，要以生态产业化带动乡村居民增收致富，做好做活"生态+"这篇大文章，在保护生态环境中发展经济，在经济发展中保护生态环境，让广大乡村既添生态颜值，又增经济价值。

靠产业生态化打开绿色发展之门。坚持人与自然和谐共生，走乡村绿色发展之路，才能让生态美起来、环境靓起来，绘就山清水秀、天蓝地绿、村美人和的美丽画卷。实施乡村振兴战略，一项重要任务就是推行绿色发展方式和生活方式。振兴乡村产业，绝不能以牺牲生态环境为代价，而是要培育壮大节能环保产业、清洁生产产业、清洁能源产业等。健全以绿色生态为导向的农业政策支持体系，建立绿色低碳循环的农业产业体系，加快构建科学适度有序的农业空间布局，切实改变农业过度依赖资源消耗的发展模式。

（二）产业线

产业振兴是乡村振兴的基础，是实现五大振兴的前提条件。产业线是乡村振兴的"明线"，展现经济属性，强化造血能力，为生态振兴、人才振兴、文化振兴、可持续性发展提供经济保障，是乡村振兴发展的利基所在。随着人们消费观念的转变升级，加之生态环境变化，人们开始关注土壤、空气、阳光、水和花草树木，这也是人类生命共同体不可或缺的重要组成部分。人与自然融为一体，食在田园，住在农舍，这是所有人的乡土情怀。城市的繁华持续升级，乡村的奢华不可替代。农村会变成新的人类家园，乡村才是中国人的奢侈品，乡村环境会成为城市人追求的主流目标。中国未来30年，乡村将成为城乡居民的奢侈品，绝对不仅是物质层面，而且代表精神内涵，是心灵归属的沃土。

一方水土养一方人，只有那些靠种地谋生的人才明白土地的珍贵。不深知土地，就不能开发适合的新产业，不能做好土壤、做优土壤、做富土壤，是很难实现乡村振兴的可持续发展。产业可持续发展只有具有足够吸引力才能让人慕名而来。推动产业向纵深发展，坚持"三产融合"发展，加快全产业链开发和一体化经营、标准化生产，开展规模化种养，发展加工和流通，推进生产、加工、销售各环节有机衔接；贯通产加销、融合农文旅，拓展延伸产业和产品链条，拉伸产业发展长度；构建"内外衔接"格局，打通产业发展和产品供销渠道，拓展产业发展空间；建立"上下对接"机制，架好天线接好地气，延展产业发展深度，切实解决产业发展同质化问题，提升产品市场竞争力。

业态具有更强黏性才能让人住下来。乡村空间除了生产粮食外还生产文旅康养。《2021 世界旅游联盟——旅游助力乡村振兴案例》收集了全国 31 个省区市的 50 个典型案例，是中国特色社会主义乡村振兴道路发展成果的生动反映，也是中国为全球减贫和发展事业做出的独特贡献。乡村旅游属于现代农业的一部分，是乡村立体资源全面激活的力量源泉。要坚持环境打造先行，借助优越的自然环境条件，激活乡村沉睡资本，开发农村闲置宅基地，整合农家乐、民宿，大力发展休闲旅游产业与新型服务业。

乡村要振兴，三产融合必须发展好。以农业为基础，拓展产业链条，推动一二三产业融合发展，架构田园、乐园、产园、家园、学园、创园等产业功能载体。发展园区就近就地就业，引导发展乡村新型服务业，扩大就业创业岗位，让城乡居民共享城乡发展成果，共享美好生活，推动城乡融合发展，实现共同富裕。乡村产业振兴不仅体现为产业规模和效益的大幅提升，也体现为产业增长方式的转变。在现阶段，新产业、新业态、新模式已成为农业农村经济新的增长点。

1. 推动农业社会化服务

农业社会化是农业生产要素的配置提供、日常经营管理、前期的规划设计、产品价值的实现，应该有多方力量共同参与，优势互补，弥补个体经营的不足，增强、优化农业发展的条件，拓展农业的潜力与功能，包括为农业生产提供更稳定的保障，共担农业发展的成本与风险，共享收益与价值。社会化农业可概括为农业生产的产前、产中、产后各个环节的活动，包括其产业链的延长与附加值的扩展，需要社会的广泛参与来实现。在发展社会化农业的过程中需要健全制度设计、稳定的社会环境，同时，需要市民下乡参与。社会化农业，不仅意味着人与自然复合的生态系统的全面修复，也是构建城乡融合、共享经济的新领域，有利于形成多元社会群体互动的良性治理体系。

2. 做精乡土特色优势产业

因地制宜发展特色种植和养殖业，合理保护和开发地方农产品品种和农业资源，建设农业特色区域和特色农产品基地等，在乡村地区发展以标准化工厂为特征的现代化农业，发展特色食品、制造业、手工业、绿色建材等地方产业，合理保护和开发乡村各种文化遗产资源。创新农业生产组织形式，将种植养殖业的发展方向定位为规模化、标准化、品牌化和绿色化，产出绿色优质农产品。

3. 大力发展休闲农业和乡村旅游

乡村休闲旅游产业是富民产业，发展乡村休闲旅游是乡村发展转型和农民致富的重要渠道。一是要充分利用田园风光、自然生态和资源禀赋优势，建立旅游、文化和生态的融合发展模式，促进农林牧渔业、旅游、文化、医疗等产业的共同发展。二是通过乡村旅游使农产品商品化、特色化，打造具有地方特色的旅游品牌，使农特产成为旅游产品；通过电子商务平台，增加农村生态产品的附加值；将农民利益捆绑到生产链上，支持农村集体经营乡村旅游合作社或旅游企业，对优势项目实行股份制管理，形成大型餐饮、住宿、体验项目。通过农村产权转让、入股获得的租金红利、提供当地产品等方式，让农民返乡投资乡村旅游建设，分享旅游经济红利。在发展旅游业的同时，还要注意处理好保护与发展的关系，加强生态环境保护。

4. 打造智慧农业

应用互联网、云计算、大数据、物联网技术，以及 5G 网络等先进技术，在农业生产过程中进行智能感知和分析决策，同时，由专家进行远程在线指导，建立智能预警系统，从而实现生产精准化和智能辅助决策。一是要在生产领域实现智能化。在种植、畜牧、水产生产经营环节，在农村工业生产过程，在农垦区、现代农业产业园、大型农场生产管理环节，都提高农业生产全程的自动化程度，提高农业生产率。二是通过物联网、云计算、大数据等技术的应用，建立个性化、差异化的营销方式。对农资采购、农产品流通等数据进行实时监控和传输，解决信息不对称问题；在电商平台上自办基地、自建网站、自建渠道，推进农产品市场化营销和品牌化经营，实现农业产销的订单化、流程化和网络化。智慧农业的发展有利于提高农业生产经营决策水平，增强抵御市场风险能力，节约成本、提高效率，从而提高收益。支持智慧农业发展，从国家层面来说，应全面推进乡村的数字基础设施建设。

5. 大力发展创意农业

创意农业是农业现代化的新视角和新趋势，只有整合创新文化，才能实现农业创新发展。运用现代高新技术发展农产品加工业，创新农村服务业，将艺术元素融入科技应用，提高农产品附加值。突出文化元素在创意农业发展中的应用，挖掘利用当地农业文化资源，引导创意农业特色发展，提升创意农业内涵。推进农业、旅游、医疗、教育等产业的深度融合，对农业产业链进行设计和创新，培育和创造多功能创意农产品，推进创意农业产业化。把创意农业发展与美丽乡村建设有机融合，与农业生态建设协调推进，培育一批引人注目的创意农业景观，把绿色的江山变成"金山银山"。搭建宣传营销平台，创新农产品营销方式，促进产销衔接、优质优价。

6. 推进农村一二三产业融合，发展多种类型的新业态和新模式

要聚焦产业促进乡村发展，深入推进农村一二三产业融合，大力发展县域富民产业，推进农业农村绿色发展，让农民分享更多产业增值收益。以农村经济发展为基本依托，以第一产业为基础延伸产业链条，拓展到二三产业，打通一二三产业界限，推动产业链融合，从而形成三个产业交叉互通的新业态。从实物形态看，是发展农业生产、加工、销售、观光、休闲、体验等多种产业；从价值形态看，是通过技术进步和产业融合，增加农村产业收益和农民收入，关键是让农民在产业链延伸、价值链提升中获得更多收益。促进农村一二三产业融合发展，就是要培育多种类型的新业态和新模式，通过加快开拓创新、向外延伸的步伐，以新理念、新视角、新举措发展农业新业态，使其成为乡村振兴的增长点。

7. 推动农文康旅一体化发展，使其成为农业农村优先发展、综合发展和高质量转型发展的新动力，成为农民增收的新渠道

具体可以采用以下模式：一是实现农业、旅游和休闲融合发展。深入挖掘农村休闲农业发展潜力，推进休闲农场、田园综合体、美丽村庄建设，打造集农耕体验、田园观光、旅游观光于一体的乡村旅游产业。积极建设和申报中国美丽休闲村和国家休闲农业精品公园，积极举办乡村旅游节，打造旅游市场热点。二是推进农业、文化、旅游产业融合，深入挖掘农业和乡村文化要素，结合文化创意产业的发展逻辑，发挥创意和创新思维，将科技、人文等要素融入农业和旅游业。三是实现农业、康养和旅游融合发展。通过发展绿色、有机和符合生态保护要求的种植、养殖业，研发有一定养生、保健功能的健康食品，开展具有农业耕种、食品生产和餐饮体验的乡村旅游观光项目，从而建立生态健康食品的完整产

业链。四是实现林业、旅游和康养融合发展。依托森林资源，充分发挥森林养生功能，重点发展林业旅游和森林养生，将优质林业资源与现代医药有机结合，开展一系列有益于人类身心健康的活动，如森林恢复、疗养、保健和休闲等。

8. 发展壮大乡村特色优势产业

乡村特色优势产业的发展壮大有助于促进农民增收。应该充分利用当地资源优势，结合历史文化要素，合理开发和利用优势特色资源，推动乡村特色产业发展。打造有鲜明特色和独特优势、市场竞争力强的农业优势区，形成特色产业集群，建设现代农产品品牌，以产业振兴推动县域经济繁荣，培育现代化强镇，打造乡村振兴发展新格局。以乡村资源禀赋为基础，突出主导产业，构建新型田园综合体，培育宜居宜业的农业特色小镇，打造文创休闲农业园区等一批乡村产业一体化发展示范园区、旅游型民俗村和中医药养生文化园等，形成多方共同参与、集聚多种优势资源要素、多种业态协同发展的新格局。比如，在田园东方的多个田园客厅产品中，都体现一个共性，即"在地需求""因地制宜"。田园客厅通常选址在乡村建设的"门户区"或"中心地"，科学合理地利用建设用地、集体用地，以党建展览、会议培训、产业中心、田园度假、自然研学、城乡商贸集市、文化天地等七项农文旅主力业态作功能规划。在有条件的项目中可以规划集农业产业服务基地、品牌展示体验基地、示范化运营管理功能于一体的农业产业园。田园客厅的背景是乡村振兴的政策、城乡融合的空间、新兴市场的领域、新型城镇化的时代。它是城乡融合的"连接器"、乡村产业的"孵化器"、乡村人才的"服务器"、乡村发展的"驱动器"、乡村振兴的"扬声器"。无论在乡村振兴的哪个阶段，它都兼顾了多方利益、可持续运营、开放带动地方发展。

9. 架构乡村振兴产业链循环体系

产业链的内循环需要疏通产业的上下游关系，以保持产业链、供应链、价值链的稳定性和竞争力。同时，围绕产业链部署创新链，把科技创新真正落实到产业发展上，建立自主可控的产业链，形成产业链闭环融合发展体系，提升乡村供给体系对国内需求的适配性。以下主要阐述以一产为主导的一二三产业融合发展上行模式与消费驱动形成的一二三产业融合发展下行模式，探索乡村振兴产业融合格局，如图 4-1 所示。

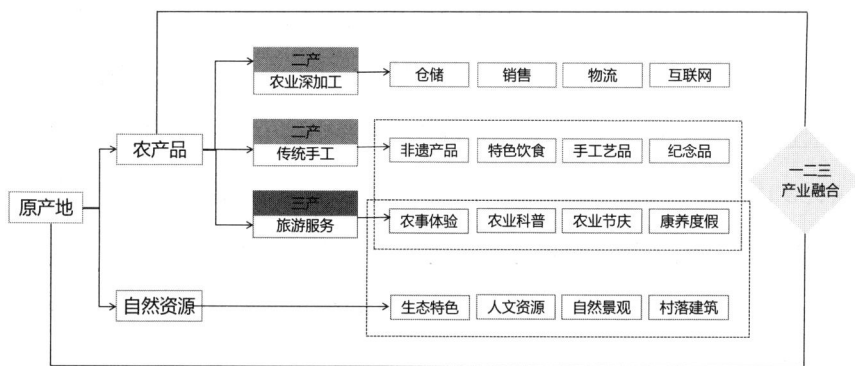

图 4-1　农业产业化三产融合模型

第一种模式为以一产为主导的二、三产融合发展模式。为"123"产业模式，以"原产地特色＋原材料加工"的消费驱动模式，推进一二三产业融合发展，主要由一产带动二产和三产发展，实现特色农产品到加工到服务体验，兼容旅游观光、休闲及度假、互联网应用、物流仓储、销售等的全产业链发展模式。基于农业一产种养殖而推动一二三产联动，一产驱动二产、二产联结三产，一般讲求规模化。传统大田农业，是农业产业化产业体系、产品体系上行模式，通过架构城市端与乡村端连接渠道，线上线下融合，全渠道变现。

另一种模式，是城乡融合下城市消费下沉形成的一二三产业融合发展模式，也称为"321"产业模式，是泛三产模式，涵盖了更多的第三产业及城乡融合功能载体，展现乡村新型服务业态，是站在农村立体资源开发基础上的三产融合模型架构。乡村旅游对乡村社会、农民增收、农业现代化发展等各方面都有着重要的推动作用，在乡村振兴战略大力推进、文旅融合的时代要求下，游客需求也在不断提升，很多游客不再把观光作为乡村旅游的目的，而是希望享受乡村的慢生活。

"321"产业模式又分为乡村文旅驱动消费聚集模式和电商物流为引领的服务带动模式，以消费引领三产融合发展，畅通上行和下行流通渠道。

乡村文旅带动一产和二产联合发展的带动模式。乡村旅游属于现代农业的一部分，乡村旅游是富民产业。塞罕坝机械林场坚持依托百万亩森林资源，大力打造七星湖湿地公园、塞罕塔等景区，带动周边乡镇和百姓发展生态旅游，每年实现总收入 6 亿多元，带动 1200 余户贫困户、1 万余贫困人口脱贫致富。安徽省金寨县花石乡大湾村依靠发展"山上种茶、家中迎客"，积极开发民宿、漂流等项目，探索出一条具有大别山革命老区特色的脱贫致富之路。2020 年，大湾村过境游客达 35 万人次，真正让当地群众吃上了"旅游饭"。湖南省花垣县双龙镇十八洞村围绕发展乡村旅游主线，着力打造"旅游+"产业体系，成立农旅农民专业合作社、旅游开发公司，打包开发全村旅游资源、管理旅游产业，带动全村发展农家乐、民宿 20 多家，年均每户收入达 30 万元。

随着消费升级及个性化需求的增加，我国乡村旅游与休闲农业已向观光、休闲、度假复合型转变，从观光式旅游过渡为度假式深度体验游，其产品逐渐向多样化、融合化和个性化方向发展。我国乡村旅游已从以农家乐为代表的 1.0 萌芽阶段，逐步发展到目前的 4.0 乡村生活阶段，乡村旅游慢生活正成为人们普遍追求的一种生活方式。尤其对于久居喧嚣都市的人，青山绿水和田园生活，总是让人向往。乡村旅游需要重视规划引领、品牌建设、沉浸体验等方面的创新探索，利用旅游聚集人气的优势，打造景观吸引核，促进人流带动消费，形成购买力和服务支撑。

文旅赋能乡村振兴的五种体现，宜居促进乡村环境和设施的改进，产业促进一二三产业融合发展，文化促进乡土记忆的保护和展现，人才促进乡村人才的培育和发展，价值促进乡村多元价值的发现和重塑。在乡村文旅产业发展过程中，文旅产业的兼容性特征，多指联动休闲农业、特色手工业、健康产业、民宿度假产业、文创产业等产业，形成农村一二三产业融合发展的系统工程。如图 4-2 所示。

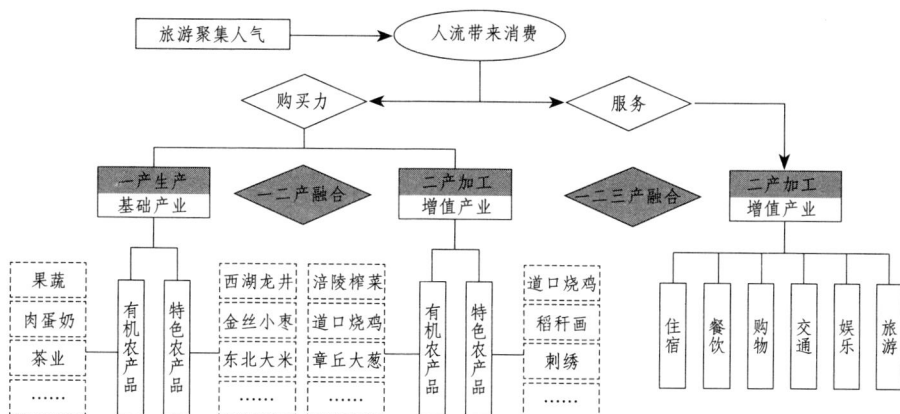

图 4-2 文旅驱动三产融合模型

通过城乡居民就地化消费带动乡村资源资产变现的发展逻辑。包括农村农副产品、生态产品、生活场景等不同形态的乡村产业、产品、业态的变现逻辑。对于拥有生态资源、文化资源的乡村或片区，可以通过发展乡村文旅，打造城市消费下沉"微度假""微旅游"功能载体，这些功能载体包括康养载体、研学载体、民宿载体、田园载体、休闲载体、农业载体、商业载体等，驱动乡村资源、资产、农副产品、文化产品变现。如浙江山水资源较为丰富的地区，已形成文旅融合助力乡村振兴，探索出可行的模式与运作体系。

电商物流为引领的服务带动模式。农村电商的蓬勃发展和电商平台渠道驱动，也为广阔乡村架设了农产品流通新平台，拓宽了农民增收路径，激活了乡村振兴潜能。电商物流主要以物流配送为核心，形成规模化生产、销售、服务网络体系，构建完善的产业链，构建三产（新型服务业）带动一产、融合二产发展模式。农村电商平台以"龙头企业＋专业合作社＋农民"的组织方式，强化电商品牌建设，主要组织农户开展农副产品的规模化生产、标准化种植、平台化销售、品牌营销。电商物流驱动，一个重要任务是完善县域商业体系，构建"产品＋冷链设施＋服务"信息平台，营造乡村产业发展的基础环境，优化配置冷链物流资源，提高冷链资源综合利用率，为城乡居民提供质优物美的商品，改善县域消费环境，如图 4-3 所示。

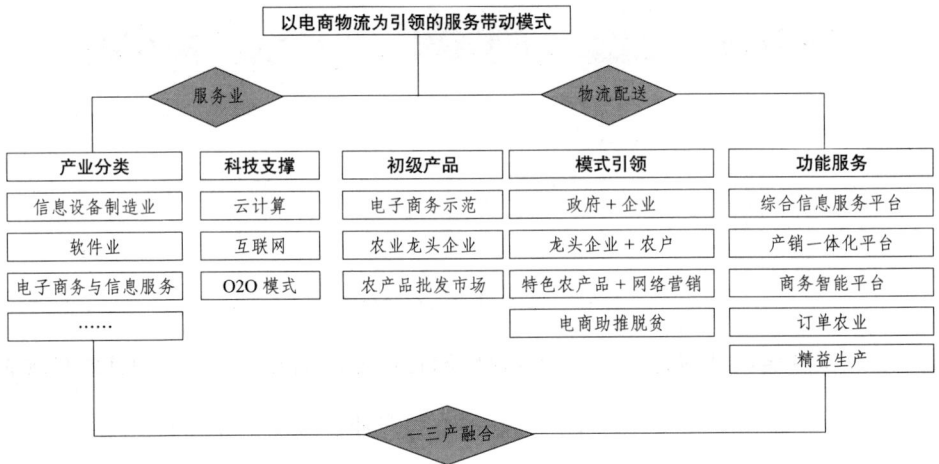

图 4-3　电商引领三产融合模型

位于山东商河壹亩地瓜电商平台，专注打造地瓜农业品牌，从源头科学育苗、规模种植、技术贮存、定制加工，到利用互联网等信息技术进行创意营销，全链条集聚发展，真正实现了为消费者提供从田间到餐桌的一站式服务。以淘系为代表的运营团队，入驻十几家电商平台，拥有 20 多家店铺，业务涵盖 B2B、B2C、B2B2C，深耕供应链，经验丰富，产业化流程稳定，实现销售近 3 亿元，带动周边 12 个村种植甘薯，让每亩甘薯产值提升到 6000 元，助力村民增收。同时，以一亩地瓜为龙头企业的带动下，进行薯条、薯片、粉皮、地瓜酒产业链延伸，形成甘薯"育苗＋种植＋储存＋初加工＋销售"的产业链条，进一步提升了甘薯产业的经济价值，助力乡村全面振兴。

（三）利益线

利益线是乡村振兴的"暗线"，是乡村振兴的内在目标要求，是推动乡村振兴可持续发展的必备条件。乡村振兴需要聚合多方力量才能造就伟大事业，需要兼顾当地发展、投资方、运营方、村民、村集体多方利益诉求，才能推动乡村振兴事业可持续发展，才能实现共建、共创、共享、共赢格局。从全局谋划利益共同体，全系统架构利益联结机制，才能共建、共创乡村全面振兴的美好未来。

党的十九大报告明确指出，要实现小农户和现代农业发展的有机衔接；2018—2019 年的中央 1 号文件连续强调，要发展多样化的联合与合作，把小农生产引入现代农业发展轨道；2020 年，中央 1 号文件提出，要通过订单农业、入股分红、托管服务等方式，将小农户融入农业产业链；2022 年，中央 1 号文件再次强调，要完善联农带农机制，提高脱贫人口家庭经营性收入。

2017 年，中共中央办公厅、国务院办公厅发布的《关于加快构建政策体系培育新型农业经营主体的意见》明确：进一步完善订单带动、利润返还、股份合作等新型农业经营主体与农户的利益联结机制，让农民成为现代农业发展的参与者、受益者，防止被挤出、受损害。2019 年，中共中央办公厅、国务院办公厅印发的《关于促进小农户和现代农业发展有机衔接的意见》提出：完善农业产业化带农惠农机制，支持龙头企业通过订单收购、保底分红、二次返利、股份合作、吸纳就业、村企对接等多种形式带动小农户共同发展。可以说，建立和完善农业市场主体，特别是龙头企业与农户利益联结机制，是国家在重要战略转型时期对农业农村工作的重要部署和重点要求，是当前保护农民利益、促进农民增收的重要抓手，关系到第二个百年奋斗目标和共同富裕的顺利实现。

在全域发展、共同富裕的道路上，实现资源聚合、人才集聚、产业赋能，需要建立联合驱动模式。以合作社为基础建立标准化资源资产评估标准；以人才激励为抓手建立乡土人才合作社，建立乡贤赋能乡村振兴人才实用机制；以业态经营者为主体，建立产业联盟，实现主体融合，联合驱动；通过建立党建联盟，发挥党的统领作用，实现思想统一、行动一致，才能系统发力，推动全面振兴。这是基于全域开发的顶层设计内容，也是实操的保障体系。

一是突出农民的主体地位，最大限度地维护农民利益。以产业链为基础搭建利益链，以产权关系为基础搭建联农带农的农业全产业链，建立利益联结机制。在引入社会资本开发特色资源，确保资本合理投资回报的基础上，应确保村集体和村民获得租金和营业收入分成，盘活闲置房产增加村集体物业经营收入，提高特色产业配套服务相关收入水平。创新"企业＋农户""合作社＋农户"等经营模式，促进企业增效、农民增收。

二是资产活化是强村富民的根本举措。关键是要探索资源变资产、资金变股金、农民变股东的有效路径和实现方式。资源激活是乡村发展的源头，包括整合政府的资源和村集体、村民的资源。只有将政府和农民的资源有效整合起来，并将资源变成资产、资产变成资本，才能以股权为纽带，以市场化的方式与社会资本进行有效合作。要围绕政策资金、项目工程、产业企业、人力资源、消费群体等方面，坚持上下联动、左右贯通、功能融合的原则，积极整合一切可能整合的资源，有效发挥各类资产效益，形成推动发展的强劲合力。

三是发挥好产业的基础作用，确保利益联结联得实。各地的探索实践表明，选准建立农民利益联结主导产业是促进农民增收的关键所在。结合各地实际，选择一批有基础、有潜力、有市场的优势特色产业，通过"公司＋合作社＋农户"等多种方式，把推动农民增收与促进特色产业发展紧密结合起来，确保利益联结既要联得上，又要联得实。

四是发挥好企业的纽带作用，确保利益联结联得紧。千头万绪的事，说到底是千家万户的事，利益联结机制就是解决多方利益诉求，也是涉及千家万户的事情。各地的探索实践表明，企业一头连着农民，一头连着市场，是全产业链的"链主"，特别是农业龙头企业在促进农民增收中有着不可或缺的重要作用。如，云南省宣威市太坤企业充分发挥联农带农的中坚作用，把区域内同业合作社组建成产业联合体，提升农户合作层次和规模，强化一二三产业融合，带动农民就业、发展产业、增收致富。要牢固树立"扶持农业龙头企业就是扶持农民持续增收，服务农业龙头企业就是服务农民持续增收"的理念，通过政府扶持农业龙头企业辐射联合社、合作社，联合社、合作社带动农民等方式，加快形成农业龙头企业、联合社、合作社和农户紧密联结的利益机制，让农民增收搭上农业龙头企业发展的顺风车。

五是发挥好农民的主体作用，确保利益联结联得好。促进农民增收，农民是主体，既要借助外力，更要激发主体意识、增强主体能力，充分释放蕴藏在群众中的创造力，形成增收的强大合力。加强乡土人才队伍建设，大力开展技术培训，凭借一项技术、一把剪刀闯天下，蹚出一条农民职业化的新路子。要在激发群众内生动力的同时，进一步强化农民实用技能等培训，既要培养一批适应市场需要的产业化技能人才走出去"闯天下"，更要立足脚下"这块地"，大力培训懂技术、善经营的高素质农民队伍，培养种植能人、养殖能手等带头人和专业合作社人才，使农民通过培训，真正能从素质、技术、技能等方面有所提高，成为农业经营的主力。

六是发挥好机制的保障作用，确保利益联结的持久性。通过完善利益联结机制，有利于"小生产"与"大市场"的对接，形成企业与农户在产业优势上的互补，推动产业集约化、专业化、链条化发展，带动农户参与产业、分享收益、增收致富。充分利用零散土地、闲置宅基地、场院、荒地等"沉睡"资源，最大限度地激活人地钱、自然资源等要素，加速农民增收。要聚焦农村居民和脱贫人口增收三年行动目标要求，紧扣各类市场主体与农民的利益点，按照市场化的思路，深化机制改革，激发创新活力，促进农民与市场主体之间形成更紧密的长效利益联结机制，为农民增收、企业增效提供制度保障。

七是发挥好党支部的引领作用，确保利益联结的实操性。由村党支部领办合作社，通过土地规模经营，推广先进技术，节约生产成本，提升产品质量，将村集体资产盘活，提高产业发展组织化水平，是促进农民增收的一条基本经验。组织发动群众以土地入股，实现小田变大田，集约化经营、规模化发展，提高土地利用率，带动农民增收致富。在党支部引领下使集体收益与群众收入直接相关，把农村居民和脱贫人口增收作为考核基层党组织建设成效的硬指标，鼓励和引导基层党组织通过领办合作社（公司、企业）等途径，提升农民生产经营组织化水平，推动农民与各类市场主体联结更加紧密，为农民增收提供坚强的组织保障。

（四）品牌线

品牌线是乡村振兴增值线，是培养乡村振兴竞争力的核心组成要件，具有排他性，积聚更长久竞争优势，形成乡村振兴信誉度、知名度、美誉度核心抓手。在新发展阶段，高质量推进乡村振兴，需要深化品牌理念，强化品牌引领，把品牌意识转化为高质量发展的工作要求，贯穿于乡村振兴全过程。

一是高质量推进农业品牌化发展。全面实施乡村振兴战略，把农业品牌化发展引向深入，打造农业全产业链，拓展农业多种功能，促进一二三产业融合发展，使农业食品保障功能坚实稳固、生态涵养功能加快转化、休闲体验功能高端拓展、文化传承功能有形延伸，不断培育和释放农业品牌的发展潜能。通过品牌引领、示范带动，促进乡村全面振兴，加快农业农村现代化。品牌经济是生产力与市场经济发展到一定阶段的产物，在信息高度发达的现代社会，诸多市场主体要想获得竞争话语权，需要品牌化，这就是品牌创建的根源所在。品牌反映了创建者的综合竞争实力，凝聚着创意创新创造新成果。

二是围绕"旅游是一种生活、学习和成长方式"的理念加强宣传推广，进一步挖掘国内旅游市场潜力，营造良好的社会氛围。许多地方有好产品没有好品牌，导致高品质的产品没有带来高收益。中央在乡村振兴战略规划中提出，要实施农业品牌提升行动，加快形成以区域公用品牌、企业品牌、大宗农产品品牌、特色农产品品牌为核心的农业品牌格局。依托地理自然环境、资源禀赋等独特性，在挖掘就地化基因的基础上，深挖地名文化内涵，形成区域性公共品牌，包含党建、文化、生态、产业、农副产品等子品牌，为当地企业、合作社、农户共同使用，让公用品牌"快车"拉动产业高质量发展。

三是乡村振兴的出发点和落脚点还是带动区域发展，而区域发展的可持续性需要有产业化的竞争力。乡村振兴和城市发展的逻辑是一样的，都是谋求发展，但在发展中，需要激活资源、需要导入资源，以县域为载体，形成竞争优势。从另一个角度来看，未来县域与县域之间一定是竞争关系，农业产业化项目、文旅融合项目、工业化项目，在推进商业化路径中，与市场接轨中，都是争取市场资源、寻求目标客户。如果项目功能定位同质化，在客户资源博弈中，都会面临服务功能同质化、目标市场群体同质化。因为市场永远处于饱和状态，城乡居民在可支配收入区间内，就看乡村项目与市场的切合度、黏合性及其满足消费者需求的程度，最后还是取决于消费者是否买单、市场能力能否展现。

从宏观层面上看，乡村振兴的战略使命是推动乡村全面发展；从微观实施层面来看，乡村振兴的展现形式在县域与县域之间、区域与区域之间，一定是竞争关系。特别是在资源、区位、基础设施等方面相对邻近县域，这种竞争关系是显性的，也是长久的。品牌引领作为区域竞争更高阶段博弈，县域的决策者必须一开始用品牌力量为区域发展保驾护航，谁能先行一步，谁就能走得更加长远。比如，莫干山民宿产业集群形成民宿经济带动区域发展，随着全国就地化民宿产品展现，在客流上形成聚集，但也会造成分流。比如田园综合体，其业态理念创始人是田园东方，但田园综合体上升到国家层面成为主导业态后，各地就会复制，如果相邻项目功能定位同质化、消费体验同质化，就会形成目标客户重叠。在两个同质化项目之间，谁能优先架构品牌赋能体系，谁就拥有市场竞争力，就有客户资源。解决农业同质化、低效性的问题，必须大力实施农业品牌战略，加快品牌农业的发展。

四是发展乡村独具特色的优势产业，打造自有农业品牌，实现中国特色农业现代化。高质量农业发展必须以品牌建设为先导，从顶层设计到各环节进行系统部署和推进，通过品牌建设实现产业优势和市场优势；加大农产品品牌推广力度，推动区域公共品牌、企业品牌、大宗农产品品牌、特色农产品品牌等共同发展。大力提升农产品品牌的影响效应，培育一批知名、优质，在区域、全国乃至国际上有影响力的农产品品牌。实施品牌战略时应考虑不同农产品的差异化竞争优势，突出农产品的鲜明特色，实现农产品品牌体系的优势互补。农业企业要充分发挥自身优势，提高产品质量，在研发和生产过程中注重自主创新，加强质量管理，打造有竞争力的企业品牌。建立农产品品牌目录，通过农产品品牌的收集、评审推荐、培育保护，从而引导社会消费。农产品品牌主体应深入挖掘品牌文化内涵，充分利用包括网络新媒体在内的各种传播途径，扩大农产品品牌的影响力。借助互联网、大数据、云计算、人工智能、5G 网络等新一代信息技术加强品牌营销。支持农业企业参与国际竞争，提升其国际竞争力，扩大农产品品牌的国际影响力。

五是打造乡村 IP 集群，建设城乡融合功能载体，是实现吸引目标群体下沉入乡的关键举措。IP 更多的是代表创造力的发明、文学、艺术作品的吸引力。也可以说，能够凭借自身的吸引力，挣脱单一平台的束缚，在多平台上获取流量进行分发的内容就是一个 IP。因此，IP 可以说成一款产品，能带来效应的产品，正如当下的网红效应。IP 是基于互联网环境下，以品牌为基础诞生的一个新兴产物，更专注与人的情感性连接，场景化体验等。从过去的卖资源、卖产品，到如今的卖品牌、卖 IP，实现品牌引流、品牌赋能。消费对经济发展具有基础性作用，塑造地名品牌有利于扩大内需，有利于促进农产品消费。"裸心"是一个度假村品牌，旗下拥有位于浙江德清莫干山保护区内的两座度假村，是裸心谷与裸心堡最大的乡村 IP。"故乡的云""故乡的月"是泰山·九女峰最大的 IP，它们都注重于和周围的自然环境融为一体，使人能无拘无束地接近大自然，让人们尽情享受与自然山水一起的欢乐时光。乡村振兴核心 IP 打造成功后，深入到乡村产业体系中，形成闭合产业链，更加促动了 IP 的推广，不仅带动了一批企业和农民专业合作社的发展，而且，还带动了农民发展产业的积极性，实现增收致富。

六是乡村地名品牌是农产品品牌与地名文化的融合。现代农业需要品牌强农，这是经济高质量发展的必然要求。品牌是市场经济的产物，是农业市场化、现代化的重要标志。农业品牌培育的过程，可以借助地名文化提升农产品的知名度和美誉度。地名文化可对农产品品牌赋能，同时，农产品品牌建设也给地名文化赋能，二者相辅相成。比如，兰考焦桐、宁夏枸杞；黄河壶口瀑布景区，开封清明上河园景区；武汉热干面、新疆羊肉串、兰州拉面、山西刀削面、岐山臊子面、河南烩面、道口烧鸡等地方特产。这些无一不是地名文化赋能的结果，农产品品牌丰富了地名故事，传承、保护和弘扬优秀的地名文化；地名文化又为外部了解本地农产品打开窗口，牵引本地农产品积聚了品牌效应。

搭建地名品牌矩阵、乡村 IP 集群，形成地名品牌赋能乡村振兴蓝色海洋。地名品牌工程建设，是把地名文化与品牌农业相结合的一项创新，是一项助力乡村振兴的事业，需要认真投入努力做好。这是一项复杂的重大系统工程，需要重点突破，分环节落地，需要深刻认识地名品牌建设的持久性，坚持不懈、久久为功，需要引导企业、社会组织等社会力量广泛关注和积极参与，以汇聚起技术、智力、经济、文化等资源优势，共同搭建一个地名品牌的蓝色海洋，共同形成乡村振兴的有生力量。聚焦地名品牌，讲好地名故事，体现了地名文化的价值。

机制化地推进乡村地名品牌建设。地方政府要提前谋划品牌布局，探询品牌建设一般规律，深入了解地名品牌的基本要素、发展要素，深挖就地化基因，梳理乡村品牌新载体、新路径、新模式，以此形成良好的地名品牌推进机制。比如，科学确定地名品牌的主体条件、区域范围条件、产品授权使用条件，产品质量水平，品牌影响，品牌责任等。建立与国家"品牌强农"活动以及国家品牌建设紧密结合的机制，推动地名品牌发展，形成地名品牌的特色。

七是区域公共品牌数字化。当今世界，以信息技术和数据作为关键要素的数字经济已成为创新发展的时代潮流，是国家经济转型升级和高质量发展的必由之路。数字经济作为一种新型经济形态，正在成为推动我国经济持续稳定发展的重要引擎。区域公共品牌建设要以新一轮信息技术为驱动力，顺应数字化转型浪潮，抢占发展先机，形成竞争优势。地名品牌建设要紧密地融入数字农业之中。数字农业使新一代信息技术与农业各个环节有效融合，对改造传统农业、转变农业生产方式具有重要意义。数字农业是一个集合概念，主要包括农业物联网、农业大数据、精准农业、智慧农业，数字农业未来的发展前景非常广阔。区域公共品牌建设与数字农业紧密结合，可以高效完善农业生产体系，打破当前农产品竞争同质化问题，形成生产、加工、储藏、运输和销售等部门的有序高效衔接等。为此，区域公共品牌产业创新工程要积极探索可量化、可视化、可分析、可评价的平台建设，挖掘区域公共品牌的多元价值。

（五）机制线

机制线是乡村振兴的保障线，也是实现乡村振兴能够走得长远的更高位软实力展现，既是乡村振兴顶层设计逻辑，也是激活资源要素的保障机制。组织力量才是乡村振兴最大的力量，是解决一切问题的核心。机制有效既是乡村振兴系统逻辑，也是乡村振兴模式构建的核心内容。通过创新，建立有效助力乡村振兴的机制，发挥机制保障作用、支撑作用、护航作用，才能让乡村振兴实现可持续性，走得更加长久。其中，包含党建统领机制、政企联动机制、投融资机制、战略引领机制、人才振兴机制、利益联结机制、全域运营机制、新型治理机制等。既有共性、又含个性，既为独立、又为融合，既有创新、又有继承。木受绳则直，金就砺则利。从中国的大国特征出发，制度完善必须考虑城乡关系转变的长期性和不同地区发展的差异性，紧紧围绕质量效率、环境生态、公平正义、和谐稳定、幸福安康等主题，打通党纪条规、国家法律、村规民约、民风民俗等方面的"线条"，形成各方合力、同向发力、协调联动的乡村振兴机制体系。

党建联盟发挥统领作用，区域联合社发挥资源聚合作用，乡土人才合作社发挥就地人才聚集发展作用，产业联盟发挥产业联合驱动作用。通过多维度、全系统机制的建立，有效实现了思想统一、步调一致、资源转化、人才激活、产业赋能引领片区发展的有效模式，为片区及全域发展探索一条可借鉴的实施路径（图4-4）。

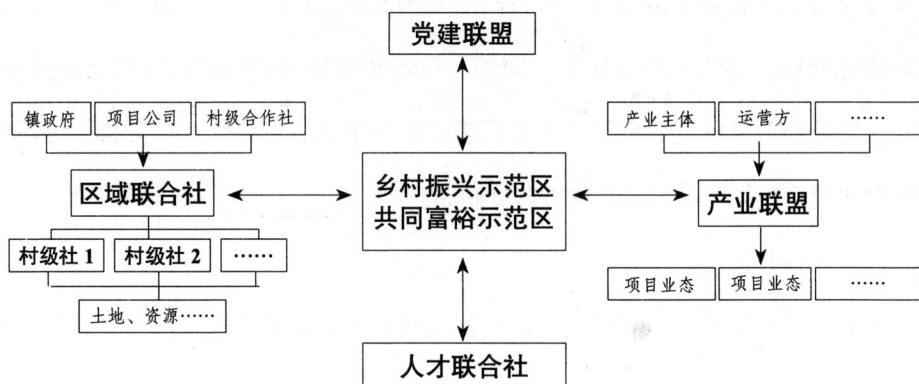

图 4-4　乡村振兴党建引领思维导图

实施乡村振兴，机制是软实力展现，特别是推进县域经济发展，需要更大格局展现乡村振兴示范效益，必须超越传统"一村一兴"思维惯性，更加需要连片开发、全域破局。乡村振兴衔接推进区、乡村振兴示范区都是数十个村庄连片建设，更加需要有效的机制保障全域规划、全域建设、全域产业、全域治理、全域运营系统化实施，才能让一张蓝图变成全域发展的美丽格局。

1. 党建统领机制

基层党组织是推进乡村振兴的主心骨，抓实基层党建就抓住了乡村振兴的"牛鼻子"。全面实施乡村振兴战略，深度、广度和难度都不亚于脱贫攻坚。针对可能出现的松劲心态和厌战情绪，要坚持政治统领、思想铸魂，充分发挥思想建设引领作用。乡村振兴，关键在人。坚持抓班子、强队伍、聚人才，着力打造政治过硬、本领过硬、作风过硬的乡村振兴骨干力量。组织振兴是目标要求，也是基础保障。坚持抓基层、强基础、固基本，建设组织体系、建好党员队伍、建强集体经济、建优治理机制，全面提升农村基层党组织政治功能和组织力。充分发挥党组织带动作用，培育和壮大农村产业，推动乡村产业振兴、人才振兴。坚持支部引领致富路，全面推行"党支部＋经济实体＋农户"模式，强化村企联动共建，村党组织"一对一"与农业龙头企业、产业园、专业合作社联建，创建党员创业致富示范基地，在推动乡村产业高质量发展中实现富民强村。以发展壮大村级集体经济为切入点，坚持"一村一品"储备特色优势项目，借助省财政扶持资金，发展壮大集体经济精品项目，示范带动村级集体产业项目做大做强。开展"千名专家进园区"活动，组织本土专家对接技术项目，充分发挥现代农业产业园区吸附作用，柔性引进高层次科技人才。打造"田间学校"作为新型职业农民培训基地，培训农村实用人才、电商人才，为助力乡村产业振兴提供"智力支撑"。充分发挥县乡两级党组织领导核心作用，县域领导班子推进县域经济发展统筹和顶层设计，乡镇领导班子成员融入乡村振兴具体项目中，带头落实，主导、协同推进乡村振兴。

2. 利益联结机制

利益共享是乡村振兴实现资源要素集合的关键举措。只要建立公平、合理、可持续、常态化利益共享机制，就能凝聚人才、做强产业、优化环境、提升服务、形成战斗力。

强化社会资本责任意识，让农民更多分享产业增值收益。鼓励农民以土地经营权、水域滩涂、劳动、技术等入股，支持农村集体经济组织通过股份合作、租赁等形式，参与村庄基础设施建设、农村人居环境整治和产业融合发展。创新村企合作模式，充分发挥产业化联合体等联农带农作用，激发和调动农民参与乡村振兴的积极性、主动性。鼓励社会资本采用"农民＋合作社＋龙头企业""土地流转＋优先雇用＋社会保障""农民入股＋保底收益＋按股分红"等利益联结方式，与农民建立稳定合作关系，形成稳定利益共同体，做大做强新型农业经营主体，健全农业社会化服务体系，提升小农户生产经营能力和组织化程度，让社会资本和农民共享发展成果。

乡村有许多宅基地、集体建设用地、森林湖泊、田园山水等资源，怎样释放资源，把资源变资本，吸引更多的企业资金进入乡村，需要我们不断开拓创新。从可持续发展角度，分析自然资源拥有者、旅游开发企业、农民、消费者和政府相关部门等多方主体之间的合作模式及其利益关系，完善多方主体间的利益联结机制及激励作用机制。习近平总书记反复强调："共同富裕是社会主义的本质要求，是中国式现代化的重要特征。"共同富裕是人民群众物质生活和精神生活都富裕。这就意味着，每一个人的富裕诉求都应得到尊重。利益联结机制是实现共同富裕的机制保障，也是实现齐头并进的必然要求。

要有效整合优质资源，凝集各方力量，实现区域全面振兴，推进共同富裕。搭建社会资本（产业投资方）、当地政府、村集体、村民、运营方等五方合作模式，形成"共建、共融、共治、共享"的利益联结机制。在这个模式中，所涉及的五方扮演着不同角色与职权边界，也产生着各自的利益诉求。

职权界定：①社会资本（产业投资方）。践行使命担当，聚焦平台搭建与产业振兴，推进人才振兴，参与组织振兴。通过组建项目公司，发挥建设投资、平台搭建、产业导入、开发运营、品牌打造、就业提供、增加税收等职能。牵头制定片区发展规划、产业规划，引领片区发展；搭建平台整合资源，赋能片区产业发展；积极参与片区党建联盟、创业联盟、人才合作社、区域联合社的建设发展，实现与各产业、各主体的融合互促。②当地政府。聚焦于主导资源聚合，负责规划引导、政策支持、土地支持、财政倾斜、基础设施投资、公共服务配套等职能。牵头组建党建联盟、创业联盟、区域联合社、人才合作社等，搭建乡村振兴战略下的现代治理体系，负责文化振兴和生态振兴，推进人才振兴。③村集体。聚焦于集体资源的整合与村民再组织，做好项目服务与工农关系协调，积极参加党建联盟、区域联合社、人才合作社等活动，加强基层组织建设，提升服务项目建设、服务村民能力。④村民。聚焦于主体地位体现，通过土地流转、资产租赁、参加合作社、参与项目建设运营、创新创业等方式，参与乡村建设，参与乡村产业振兴。⑤运营方。聚焦于产业运营与专业化人才队伍建设，通过积极参加创业联盟、人才合作社等，赋能片区产业发展和人才振兴。

利益诉求：①社会资本（产业投资方）。通过推进片区乡村振兴延伸产业业态，提高可持续发展能力，获得项目运营、资产增值、政策资金支持等收益，在践行国企使命担当的同时，拓宽发展空间，并根据实际需要实现自身发展的必要转型。②当地政府。通过乡村振兴促进所在地区经济社会发展，增加地方财政收入，改善民生福祉，展现良好的发展政绩。③村集体。通过乡村振兴实现资产盘活、集体收入增加、村民就近就业、村庄发展、村民幸福、村庄知名度提升。④村民。通过乡村振兴，获得土地流转、宅基地租赁、村集体股权分红、项目地就业等"四笔"收入，并通过创业等实现增收致富。⑤运营方。通过乡村振兴，获得国企平台赋能，共享片区发展引流和区域品牌红利，不断拓展市场空间，提升收入与盈利能力。

3. 政企联动机制

《社会资本投资农业农村指引（2022年）》（以下简称《指引》），旨在引导地方农业农村部门结合本地实际，充分发挥财政政策、产业政策的引导和撬动作用，营造良好的营商环境，规范社会资本投资行为，引导好、保护好、发挥好社会资本投资农业农村的积极性、主动性，推动社会资本更好地发挥服务全面推进乡村振兴、加快农业农村现代化的作用。

一是明确社会资本是全面推进乡村振兴的重要支撑力量，需要加大政策引导和撬动力度，扩大农业农村有效投资。社会资本投资农业农村应当尊重农民的主体地位，充分尊重农民意愿；应当遵循市场规律，充分发挥市场在资源配置中的决定性作用，更好地发挥政府作用；应当坚持开拓创新，发挥社会资本市场化、专业化优势，加快投融资模式的创新应用；应当稳妥有序地投入亟须支持的农业农村领域，不超越发展阶段搞大融资、大开发、大建设。

二是明确鼓励社会资本投入现代种养业、现代种业、乡村富民产业、农产品加工流通业、乡村新型服务业、农业农村绿色发展、农业科技创新、农业农村人才培养、农业农村基础设施建设、数字乡村和智慧农业建设、农业创业创新、农村人居环境整治、农业对外贸易等重点产业和领域。鼓励地方根据各地实际发展情况，因地制宜创新投融资模式，推动资源整合、投资结构优化、投资效能提升。鼓励社会资本探索通过全产业链开发、区域整体开发、政府和社会资本合作、设立乡村振兴投资基金、建立紧密合作的利益共赢机制等模式，稳妥有序地投入乡村振兴。

三是加强对社会资本投资农业农村成功经验和案例的总结，推介一批典型模式，宣传社会资本投资建设成果，营造社会资本投资农业农村的良好氛围。

（1）形成政企双轮驱动模式。不管是社会资本还是国有资本，在片区发展中，实现有为政府和有效市场联合发力，乡村振兴才有可持续发展之路。必须有一个龙头企业用市场化思维、商业逻辑主导，与政府形成联合驱动力，通过全域规划引领，法定规划保障，将政府要做的事、市场需要的事按照短中长期规划节点，一盘棋谋划好、实施好。在全面推进五大振兴系统工程中，形成"有为政府＋有为市场"两条腿走好乡村振兴道路，如图4-5所示。

（2）界定政府和社会资本责权边界。乡村振兴有别于城市，是全系统问题，需要协同作战。有为政府与有效市场结合中，我们提出了政企联动模型，在乡村振兴使命、边界、关系、责权四个维度建立共识、尊重原则。贯彻落实"20字方针""五大振兴"精神要求，有为政府需在工作机制、政策支持、资金支持、服

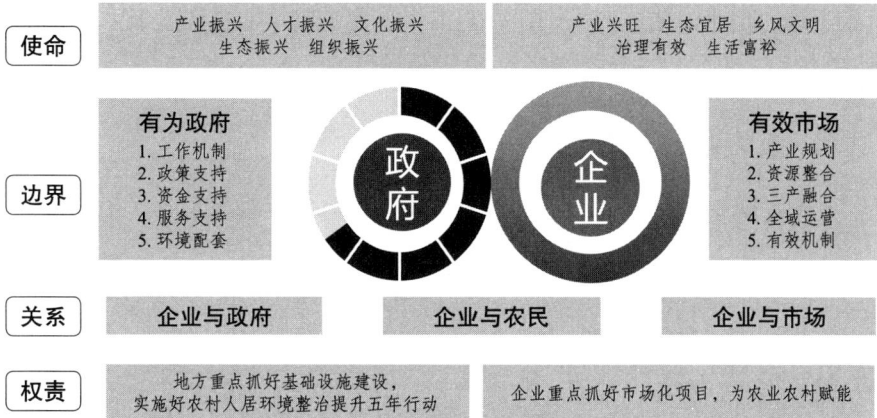

使命	产业振兴　人才振兴　文化振兴 生态振兴　组织振兴	产业兴旺　生态宜居　乡风文明 治理有效　生活富裕

图 4-5　政企联动思维导图

务支持、环境配套等方面发挥好作用，社会资本在产业规划、资源整合、三产融合、全域运营、有效机制上发挥市场化作用，处理好社会资本与政府，社会资本与村民、村集体，社会资本与市场三种关系，全面界定政府和社会资本权责边界，形成政府和市场两条腿走路机制，各自发力、联合作战，把好事做好、把实事干好。

（3）创新政府和社会资本合作模式。鼓励信贷、保险机构加大金融产品和服务创新力度，配合财政支持农业农村重大项目实施，加大投贷联动等投融资模式创新。鼓励各级农业农村部门按照有关要求，对本地区农业投资项目进行系统性梳理，探索在高标准农田建设、智慧农业、仓储保鲜、冷链物流、农村人居环境整治等领域，培育一批适于采取 PPP 模式的、有稳定收益的公益性项目，依法合规、有序推进政府和社会资本合作，让社会资本投资可预期、有回报、能持续。

（4）鼓励社会资本探索资产证券化、股权转让等方式，盘活项目存量资产，丰富资本进入退出渠道。按照社会资本参与乡村振兴的指导意见，完善社会资本参与乡村振兴的相关政策措施，鼓励多元投入、推进开放合作。在"有效市场"和"有为政府"的共同作用下，实现农业农村优先发展。政府展现有为格局，坚持市场主导，企业为主体的原则，必须走市场化道路才能持续发展乡村，要打破惯性思维，改变扶贫阶段方法路径，只有建立"政府＋市场"两条腿并肩前行机制，才是实施乡村振兴战略的关键。

（5）制定鼓励引导社会资本的服务机制。各级政府要与企业保持"伙伴"关系，全力打造审批环节最少、办事效率最高、服务质量最好、营商成本最低的政务服务环境。加快推进乡村产业振兴全产业链布局，补齐产业链、供应链短板，推动形成集生产、加工、贮藏、冷链物流、销售为一体的完整产业链，实施全产业链布局，构建"新六产"体系，探索城乡融合新格局下的乡村振兴新路径，有效激活产业链"链主"企业能量，确保产业链"链主"企业发挥应有的作用。

4.投融资机制

实施乡村振兴战略，金融应当发挥重要的作用。从政策支持方面，中共印发《关于金融服务乡村振兴的指导意见》《2022年金融支持全面推进乡村振兴重点工作的意见》《金融支持新型农业经营主体发展的意见》等一系列金融支持服务"三农"的文件，希望建立一个多层次、广覆盖、可持续，适度竞争、有序创新、风险可控的金融体系，发挥货币政策工具的引导激励作用。要降低县域涉农金融机构存款准备金率，降低支农支小再贷款利率，鼓励引导金融机构扩大"三农"小微企业信贷投放力度，努力降低社会融资成本来支持农村经济发展。鼓励和引导金融机构强化产品服务的创新，从直接融资（IPO）、到股票发行上市、到债券的发行、到银行间接融资，再到保险业以及其他的融资担保体系等方面鼓励全方位创新。持续改善农村金融服务设施和条件，包括支付体系和农村信用体系的建设。

一是在金融服务乡村振兴各项政策指导下，建立多维度投融资组合拳。这就要求发挥好国家财政资金的引导作用，撬动金融资本、社会资本向"三农"产业集中。大力发展多层次资本市场体系，拓宽民营企业融资渠道。要多渠道整合政策资源和资金，着力大项目的发展，尽快建立一个多渠道、低成本、可持续的投融资机制。

探索架构"5+1+N投融资模型"，形成乡村振兴投融资组合拳，多维度形成乡村振兴投融资体系，聚合全县、全镇力量，用好政策，激活资源。合作社（区域联合社）要发挥乡村就地资源，包括乡村耕地、宅基地、建设用地及闲置的各类资金，整合形成乡村振兴就地化力量，形成乡村振兴内生动力。以乡村全域综合体为载体，整合社会各方力量，通过政策赋能、税收优惠、产业扶持等举措，吸引更多的有识之士返乡创业，通过股权、联合联建的方式打造乡村振兴新产业、新业态，服务城乡居民，推动产业主体融合、业态融合、利益共享，如图4-6所示。

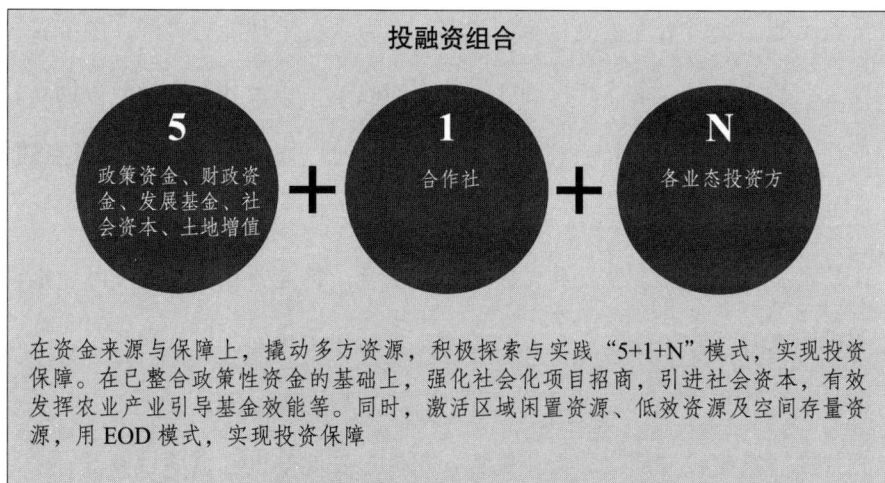

图 4-6　乡村振兴投融资组合模型

一是政策资金。目前，至少有将近二十项国家政策资金服务乡村振兴战略。比如文化和旅游部提出的人民旅游的集体建设，绿色旅游、蓝色旅游的基地建设，医疗旅游的基地建设，包括国家体育系统的户外拓展训练基地和素质教育基地，教育部的中小学生教育营地等。农村产业融合发展的示范基地包括农产品地理标志的特色农产品示范基地、现代农业示范基地、科技农业示范基地、农民的创业示范基地和田园综合体的三位一体基地等。还有美丽乡村、生态旅游示范项目、传统古村落的保护与开发应用示范项目等，都是国家政策和行业扶持的项目。这些国家和行业政策应用很重要，都需要向相关政府部门进行申请。

二是财政资金。国家已对基础配套和公共服务方面出台扶持政策，各地市政府要充分利用好财政资金，围绕农村基础设施建设，支持农村供水保障、农村电网、农村清洁能源、数字乡村建设等工程项目；支持农业相关生产、加工基地建设，以及相应的交通运输、仓储物流等配套基础设施建设；支持构建特色农产品产地和消费地冷链物流基础设施建设；支持推进农村厕所革命、生活污水垃圾治理、村容村貌整体提升等，助力农村人居环境转型升级。围绕深化乡村治理体系建设试点示范、乡村治理示范村镇创建等，助力乡村治理能力提升；围绕农村土地制度、宅基地制度、集体产权制度等方面的改革，积极开展金融服务创新，助推农村深化改革。积极支持乡村物流服务网络延伸，支持村级电商服务点建设，助力推进开发农村市场，推动农产品进城、工业品下乡的双向流通。

三是发展基金。探索设立乡村振兴投资基金。各地要结合发展实际，推动设立金融机构大力支持、社会资本广泛参与、市场化运作的乡村振兴基金。鼓励有实力的社会资本结合地方农业产业发展和投资情况规范有序地设立产业投资基金。充分发挥农业农村部门的行业优势，积极稳妥地推进基金项目储备、项目推介等工作，鼓励相关基金通过直接股权投资和设立子基金等方式，发挥在乡村振兴产业发展、基础设施建设等方面的引导和撬动作用。以市场化方式设立乡村振兴产业引导基金，引导国有企业、鼓励民营企业参与基金的投资、管理和使用，支持乡村产业发展。加大银企对接力度，加大民营企业直接融资比重，最大限度地降低民营企业的融资压力。明确重点支持领域，切实加大金融资源向乡村振兴龙头企业、重点领域和薄弱环节的倾斜力度；促进以银行为代表的各类金融机构积极利用金融科技，更好地服务乡村振兴，让数字金融成为乡村振兴的加速器。

四是社会资本。社会资本，特别是国有资本是乡村振兴引领示范力量，应该勇扛大旗，做好乡村振兴的排头兵，引导吸引更多的社会资本投资乡村振兴热土。广州鸿艺集团累计投资百亿元，十六年的倾心打造，形成客天下的今天格局和社会影响力，也实现每年有近 30 亿元的营收规模，8 万人的长居人口。泰山·九女峰由国有资本牵头投资建设，在整合各类资源的基础上，在"政府＋企业＋村集体"投融资框架下，充分发挥国有资本决策科学性、兼顾短中长期发展节点目标诉求，才有今天的全域发展格局，成为乡村振兴的齐鲁样板。

五是土地增值。按照来之于地用之于地的原则，利用好全域土地综合整治政策，通过 EOD 模式，改善生态环境，提升地力，盘活全域低效用地、零星地块、未利用地等，实现建设用地集中使用，耕地集中连片。对于增量的土地指标、建设用地富余指标、资源等通过交易变现，土地资源、指标增量资金用于发展乡村产业、生态改良、基础设施建设、生活社区建设等，助力乡村振兴。海南临高全域土地综合整治项目作为国家级试点项目，通过全域资源激活利用，集合使用增量资金、政策资金及财政资金，投资生态改良、现代港口、现代农业产业园、冷链物流产业园、小城镇建设，取得了良好的示范效应。

六是新型农村合作社。《关于加强和改进乡村治理的指导意见》指出，建立以基层党组织为领导，村民自治组织和村务监督组织为基础，集体经济组织和农民合作组织为纽带，其他经济社会组织为补充的村级组织体系，明确了农民合作组织在村级组织体系中的地位。新型农村合作社是新时期农民实现联合的重要组织形式，如果能够在乡村振兴进程中，依照国家法律和章程充分行使职权，必然能够有效发挥其"纽带"作用，助力乡村振兴。

　　新型合作社作为由农民自愿以土地入股等方式参与的新型农民合作组织，是新时期农民在基层党组织的引领下实现的联合，起到汇聚、整合资源的作用。将农民联合起来可以盘活他们手中的土地等资源整合使用，这既可以降低农民生产成本，也可以增加农民的收益。分散的小农户生产方式难以对投资产生足够的吸引力，联合起来才会形成集聚和规模效应，才能强化地区特色，形成优势资源，从而增强地区吸引力。新型农村合作社通过组织与整合，统筹分工与合作，能够避免低质化的生产重复，实现精细化生产与加工，使产业链向上游延长，并让农民掌握生产中的增值环节。由此可以实现农民收入的提高、农村集体经济的壮大，为乡村振兴打下坚实的物质基础。

　　新型合作社能够凝聚人力、吸纳人才、激活农民参与乡村建设的积极性，能够激发乡村社会的活力和内驱力，可以进一步带动和促进人的要素在乡村振兴中的汇聚与协商互动。合作社的不断发展壮大还能够吸引更多人才进入，为城乡以及乡村之间的人才共享搭建起桥梁。新型农村合作社是在基层党组织的领导下成立和发展起来的，党员作为乡村振兴中的活跃因素理应肩负起应有的职责，进一步发挥在农业生产、乡村治理各个环节中的带头、示范和引领作用。新型农场合作社有助于促进乡村振兴中多元主体的协商共治，连接村内分散的农民，进一步打通基层政府与农民个体之间的阻隔，有助于实现乡村振兴各主体横向和纵向的双向连通，必然会调动起各类主体的能动性，共谋乡村发展，为乡村振兴提供可依靠的组织力量。

　　泰山·九女峰乡村振兴齐鲁样板示范区为了整合50平方千米的乡村资源，成立了19个村级合作社，将村级资源纳入村级合作社；又在19个村级合作社的基础上，成立了区域联合社，将19个村级合作社纳入其中，实现村民、村集体以土地、院落、山林等资源入股，由区域联合社统合管理运营，形成资源、资产、资金一盘棋。综合考量不同村落资源优势、生态基础、富裕程度等基础条件，形成一套标准化的资源变资产、资产变资本的系统方案和操作路径。在乡村振兴全域发展中，为村民创造了资产性收益、工资性收益、租赁性收益、股权性收益四笔收入；也为当地政府推动乡村振兴组织能力发挥、村民思想统一、社会资本赋能贡献了巨大力量，资源利用效率效益大幅提升，决策沟通成本大幅降低，成为乡村振兴重要探索实践成果，为片区及全域发展提供了可借鉴的方案。

七是产业联合体。如何培育和引导新型经营主体是一个重大课题，特别是在全域开发中，打造乡村振兴全域综合体，更加需要各产业、各业态联合驱动发力，才能让乡村振兴全域发展综合体的力量多元展现。在产业联合体引领下，实施"主体融合、业态融合、利益融合"三大融合工程，发挥各自产业优势，推动优势互补、客源共享、利益共享，协同作战，真正形成一盘棋。通过产业体系设计、业态合理规划，实现产业之间特色鲜明、业态类型组合丰富、互为补充、互为上下游，有效防止产品和服务的雷同，形成组合拳对接市场、服务目标客户。进一步优化资源配置，有效降低生产成本、经营成本，形成市场竞争力，提高经济效益贡献度。

5. 人才振兴机制

支持社会资本参与农业生产经营人才、农村二三产业发展人才、乡村公共服务人才、乡村治理人才、农业农村科技人才、乡村基础设施建设和管护人才等的培养。鼓励依托原料基地、产业园区等建设实训基地，依托信息、科技、品牌、资金等优势打造乡村人才孵化基地。鼓励为优秀农业农村人才提供奖励资助、技术支持、管理服务，促进农业农村人才脱颖而出。

乡村振兴战略是多重战略融合的过程，人才战略规划要依据乡村发展规划而制定，要与发展规划相匹配。制定就地人才发展、返乡入乡政策举措，吸纳更多优秀人才在农村广阔天地大显身手，让农民转型为高素质农民、实用型人才、产业工人。统筹协调好政策、人才、资本、技术等一系列社会资源，着力畅通智力、技术、管理的返乡通道，既要做好能人回村、乡贤回归，也要大力培养当地人才，不断为乡村振兴提升内生动力。建立完善的高素质农民培育机制，积极搭建"高校＋科研院所＋企业"等智力资源载体，与职业院校以及用工企业达成定点培训、定岗使用合作协议，培养一批有情怀、有技术、有实力、会经营、善管理的"新农人"，为乡村锻造一批"带不走的队伍"。

成立人才联合社，制定一系列人才振兴制度规范、培训培养体系，寻找乡贤、能人，挖掘传统工艺、传统技艺、工匠文化，紧密与片区产业、业态体系需求相结合。有计划、有针对性地量身定做推进就地人才振兴实施方案，以乡土人才联合社为牵头主体，进行职业化培养，创新化创业、专业化服务等，打通人力变人才渠道、通道，为各产业、各业态输出优秀、扎根乡村的复合型人才。同时，因人而异，鼓励引导村民就地就近创新创业，发展农家乐、手工作坊等乡村富民产业，推进庭院经济、手工作坊等新型服务业，形成人才振兴助力乡村全面振兴的操作方案。

一是实施"头雁工程"，提升乡村人才引领力。支部强不强，要看"领头羊"。提升乡村人才引领力，应以书记强、党建强、发展强为目标，建立健全培养选拔机制、动态调整机制和定期考核机制，全力推进"头雁工程"建设。一方面，通过"两推一选""人才回引"等措施，拓宽选人视野，发动现任村干部、复员退伍军人、优秀选调生、乡村振兴助理员、党员乡村企业主等乡村人才参与竞争，选拔有能力、有公信力的村党组织书记，在尊重群众意愿的基础上确保竞争择优；同时，注重村党组织书记后备队伍建设，为农业农村高质量发展提供坚强的组织保障和人员储备。另一方面，通过"三推一定"等方式将创业带头人、种养大户、合作社负责人等乡村人才纳入党员重点发展对象，建立乡村人才库，吸纳其投身村级党组织建设，发挥示范带头作用，优化党组织队伍年龄结构；同时，针对乡村人才发展需求制定分类培训计划，提升技能水平。建立动态调整机制和定期考核机制，对村党组织书记和党员干部履职情况进行评定，视评定结果决定是否调整撤换，以造就一批素质过硬、作风优良、人民信任的村级党组织领导队伍，切实提升乡村人才引领力。

二是推动"塑雁工程"，提升乡村人才向心力。充分激发人才的创新、创造、创业活力。在通过"两推一选""三推一定"等方式吸引乡村人才投身乡村建设的同时，更需要给予其他各种相关人才以政策支持和服务保障。针对各类乡村人才完善和落实认定、培养、服务等方面的具体支持政策，进一步保障乡村人才引进、激发活力以及可持续发展。同时，应在文化氛围的构建和人文关怀上做足文章，让乡村人才在生活、事业、家庭方面无后顾之忧，吃下"定心丸"，感受到真心与关爱。应当多措并举发展村集体经济，激发农村发展新动能，培育一批种植养殖能手、乡村工匠、新型农业经营主体带头人、文化旅游人才、非遗传承人、农村电商人才，实现特色农业干起来、群众带起来、乡村富起来的目标，以实际效益增强乡村人才向心力。

三是狠抓"强雁工程"，提升乡村人才担当力。乡村振兴，重在担当。作为乡村人才，应明悉自身是乡村振兴的关键因子，要以振兴乡村为己任，想方设法巩固提升脱贫攻坚成果、改善农村生产生活基础设施、发展村级集体经济。应推动村党组织领导班子整体优化，坚持"一村一名大学生"培育计划，明确公务员录用乡镇最低服务年限，保障工作补贴和偏远地区津贴，将政治标准放在首位，严格实行干部绩效考核，规范党员人才队伍建设；应加强乡村社会公共服务人才队伍建设，完善乡村公共服务设施，加强法律人才队伍建设，深入推进"一村一名法律顾问"工作，助推公共法律服务下沉至乡村，增强村级组织依法治理能力，为激发乡村人才担当力提供良好的环境。敢于担当是勇气，更是能力。乡村各类人才应注重锤炼"三个能力"——调研能力、落实能力、创新能力，综合提升、交替发力、全程增效，让人才在实干中担当，在奋斗中作为。

四是开展"爱雁工程"，增加乡村人才战斗力。"上面千条线、下面一根针"，乡村振兴工作最终的落脚点在每一位参与者，应树立以实干实绩论英雄的鲜明导向，真诚关爱乡村振兴人才，开展"爱雁工程"。合理运用激励机制，提高群众参与乡村振兴工作的积极性，激发群众干事创业热情，有效提高工作质量与效率。将日常工作考核结果与补贴报酬、荣誉表彰、晋升考核等直接挂钩，使得能者多得，营造"为担当者撑腰鼓劲""让实干者得实惠"的氛围。发挥先导优势、强化示范效应和帮带效应，推行"师徒制"，通过带教、指导、体验式挂职锻炼等办法，大力培养在职优秀年轻干部，优化村"两委"班子结构，提升班子战斗力。切实了解各类人才的核心需求，适度采取"一人一策""因人而异"等引才方法，切实解决各类人才在工作中遇到的问题和后顾之忧。大力推行"支部+企业（合作社）""支部+基地""支部+电商"等模式，为想干事、能干事的乡村振兴人才提供聚合平台，在农民专业合作社、农业龙头企业等建立党支部，试行推广规模经营、乡村旅游模式等，为乡村振兴提供新引擎。

五是夯实"群雁工程"，加大乡村人才协作力。"五个指头握成拳"，政府、社会组织、企业、乡村人才等多元主体相互合作，克服信息滞后、资源分散、技术壁垒等，避免形成各不相谋、各行其是、各自为战的局面。各方主体应采取政策引导、政府推动等方式，夯实乡村振兴人才"群雁工程"，将分散在不同部门、不同行业的农村生产经营人才、一二三产业发展人才、公共服务人才、经营管理等乡村人才进行统筹部署，进一步完善组织领导、统筹协调、各负其责、合力推进的工作机制，大力促进各类人才协同发展、资源共享、竞争互补，发挥人才比较优势并形成最大凝聚力，推动乡村人才振兴，为加快实现农业农村现代化注入人才之源。

如何增强乡村人才凝聚力？要强化政府支持，"黏合"乡村人才。应加大政府对乡村人才队伍建设的支持力度，做好凝聚乡村人才的"黏合剂"。完善国家人才双向交流制度和政策，实行城乡之间的人才交流与互派，营造人才双向流动的常规环境。政府要为人才振兴"把脉"，制定科学的人才引进和管理制度，加大财政支持力度，强化政府的环境支持和民主监督力度。在乡村人才具体工作中，通过"精选优育严管""三位一体"强化基层带头人队伍；"外引内育重奖""三措并举"培养农村实用人才队伍。通过政府与社会各界营造倡导人才回归乡村的氛围，打好"乡情牌"和"乡愁牌"，念好"招财经"和"引智经"。

大力聚才引智，倾情育才惜才。"巧妇难为无米之炊"，增强人才凝聚力的前提是乡村"引得进""管得好""留得住"人才。"引得进"的关键在于人才需求的信息通达，相关引才政策制度合理，能够匹配到愿意、能够前往农村工作的相关人才。"管得好"的关键在于组织有力，高水平的管理制度和方法、优良有序的工作氛围、开放合理的人才交流平台等，能够使得乡村人才的工作和生活得到妥善安置，能够充分发挥乡村人才能力。"留得住"的关键在于使乡村人才有归属感、集体荣誉感、薪资待遇、晋升考核等符合乡村人才的预期和需求。一方面，大力聚才引智，实施"乡怀人才""情感引才""理性引才"，用真情实感推进"桑梓反哺、乡贤回流"回援计划，用科学方法规划人才引进的数量和原则，把人才规制落到实处，真正做到"不拘一格降人才"。另一方面，倾情育才惜才，充分挖掘本地优秀人才并进行重点观察和培养，激发优秀人才潜能；对乡村振兴人才进行分类及定岗，充分了解各类人才的特点、优缺点及需求，重点培养优秀人才，普遍重视乡村人才，做到，人尽其才。

灵活工作方式，搭建协作平台。增强乡村人才凝聚力，需打破常规工作方式，搭建人才交流、协作的平台。以人才振兴为着力点，采取"支部＋合作社""支部＋企业"等多种形式，积极搭建合作交流平台、合作创业平台，引导各类人才投身乡村振兴。通过制定岗位轮换政策，搭建人才岗位交流平台。通过岗位的合理轮换，人才的合理调动，使各类人才之间的流动性、融合性加强。通过教育培训、人才交流活动、团队竞赛等方式，搭建人才交流合作平台。基层政府也要为乡村人才提供学习和交流的平台，为乡村人才队伍的稳定做好坚实的铺垫；搭建适合乡村人才发展的工作平台、科研平台，创造人才工作、研究和生活条件；搭建乡村人才发展的政治平台，充分发挥和体现人才的价值。

从系统培训及人才环境打造上为农村人才提供培训机会、工作机会、提升机会，为城市人才进入农村提供制度保障、创业机会与资源支持。在乡村宜居、生态文明、营商环境等诸多方面，需要更多考虑如何打造城乡融合社区，创建宜游宜居宜业宜养的"四宜"美好田园。加强农民职业教育培训，引导多种主体在农村创业，促进科研人员到农村兼职，推动企业、科研机构的科技创新。

6.联合开发机制

政府与社会资本结合上，平台企业（龙头企业）很关键，特别是片区开发、全域发展模式、市场问题需要龙头企业来解决。建立乡村振兴联合实施平台，统筹考量生态宜居、人才振兴、文化价值、组织赋能、产业造富作用，把乡村产业做成富民产业、支柱产业、可持续发展产业，确保乡村全面实现振兴，如图4-7所示。

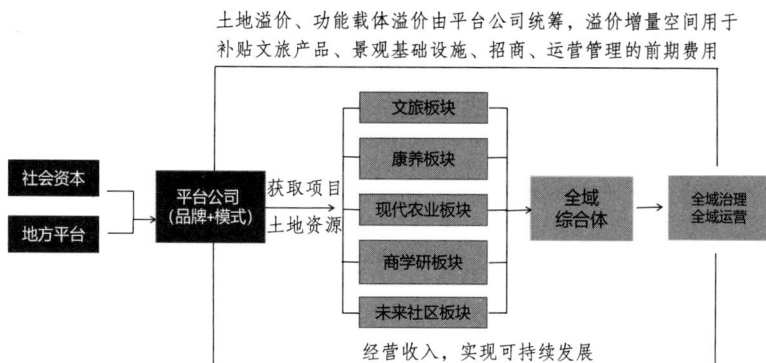

图 4-7　乡村振兴平台思维导图

在全面推进乡村振兴的新征程上，有一支力量不可忽视，它们是城市建设的主力军，下一步将成为乡村振兴的中坚力量，这就是地方城投平台。政府利用城投平台，与社会资本，特别是国有资本建立乡村振兴实施平台，发挥政府主导作用，发挥社会资本品牌、模式、市场等优势形成联合驱动力。地方城投平台作为当地政府的重要抓手，要发挥好政府使命和责任担当，形成一二三级开发建设实施路径和保障，发挥有为政府效能。社会资本发挥资源整合能力、产业链价值提升能力、市场拓展能力，实现有效市场。通过乡村振兴实施平台实现"政企双轮驱动"机制，实现全域发展的力量集合，界定基本实施单元，联合做好发展定位、发展目标、产业形态、实施路径、保障举措等，对土地资源、闲置资产等进行熟化、激活，因地制宜发展乡村产业，创新拓展乡村新业态、新功能载体，架构投资融资模式，推动乡村功能转型升级，打造城乡融合和就地化发展的操作蓝本。

以人为本是实施乡村振兴的前提。满足城乡居民需求，产业链整合、产业主体融合、业态功能发挥，都需要有效治理与有效运营的保障。全局谋划、思想统一、整合资源、发展共识、五大振兴协同推进，需要就地政府和组织的力量。建立发展定位、发展模式、商业模式、盈利模式、市场接轨，需要运营的力量。只有乡村治理与全域运营的有效集合，才能实现乡村振兴的初心与使命。

乡村全面振兴，产业规划需要运营前置、产业落位需要运营增值、业态融合需要运营统筹，全域发展有效运营不可或缺，没有运营的有效性，乡村价值创造则无从实现，利益共享也无从实现。在全域治理模式基础上，要搭建全域运营体系，紧密与乡村治理相融合、相匹配，实现产业主体融合、业态功能衔接、利益共创共享，充分发挥好对乡村发展的保障作用、统筹作用、价值创造作用，将乡村振兴全域价值体系展现出来，实现全域目标。

典型案例

袁家村地处关中平原，渭河之北，干旱贫瘠，资源匮乏。通过打造以关中民俗和乡村生活为特色的关中印象体验地，从品牌、主题、创意、风格到业态、招商、运营、管理、制度等方面，形成村景一体、三产融合，相容共生、互补兼顾、层次递进、环环相扣的完备的商业体系和成熟的商业模式。

经过十多年的发展，袁家村从乡村旅游起步，市场规模逐步扩大，经济效益不断提升，品牌价值愈加凸显。遍布各地的种植养殖基地和订单农业，使第一产业规模不断扩大，实现了由三产带二产促一产、三产融合发展的格局和良性循环。

（一）三产融合发展模式的创新者

袁家村品牌是以农业、农村和农民为内涵的"农"字号品牌，其产业与农业、农村和农民紧密相连。

以发展"三农"为目的、以服务"三农"为使命，是解决"三农"问题、实现乡村振兴的探索者、创新者和引领者。

打造以民俗文化和创意文化为核心的个性化、高端化和系列化文化旅游产品产业链，逐步覆盖全国中心城市的袁家村品牌地域民俗体验景区，使袁家村品牌价值不断放大和提升。

打造以食品安全和健康餐饮为核心的农副产品的种植养殖、加工包装和营销产业链，逐步覆盖全国市场的袁家村品牌农副产品和特色餐饮，使袁家村的市场价值不断得到放大和提升。

（二）乡村振兴共同富裕道路的践行者

袁家村发展的出发点和目的是增加农民收入、改善农村环境、提升农民生活质量，壮大集体经济，实现共同富裕和可持续发展，不断提升农民的获得感、幸福感和安全感。

（1）创建农民创业平台。以袁家村关中印象体验地为载体，通过袁家村农民学校对村民进行教育和培训，使村民初步具有经营能力和服务意识。提供优惠政策和基本条件，让村民分期分批低成本或无成本进入创业平台。创新团队根据市场调研，设计业态、遴选项目、挑选商户，逐步把村民培养成创业主体和经营主体，在自己家当老板。

（2）培育和扶持优势项目。根据优胜劣汰的市场法则，对所有项目和商户进行动态管理。在发展中，不断淘汰无效供给，及时补充适应市场需要的新项目。经过市场选择，发现和确定优势项目，加以扶持和培育。进一步考察市场前景，评估风险和效益，最终确定具有良好市场前景又可以扩大再生产、进行产业化运作的优势项目。比如，小小一瓶油泼辣子从一开始的年营业额不足10万元到年营业收入高达700多万元。

（3）增资扩股，成立农民合作社。按照全民参与、入股自愿，钱少先入，钱多少入，照顾小户、限制大户，风险共担、收益共享的加入合作社原则，各项目互相参股。通过调节收入分配和再分配，避免两极分化，实现利益均衡，达到共同富裕。袁家村现有20多家经济合作组织，形成了公司带动扶贫、投资入股扶贫、创业平台扶贫、就业岗位扶贫，走出一条共同富裕的道路。

（三）新型乡村治理模式的实践者

袁家村在乡村治理和村民管理方面的探索取得了重大突破和成绩。村民自治、村民财产权益都在发展中得到了充分体现和保障。充分发挥了基层党组织调动农民积极参与村庄事务的功能，由所有村民共同商议决定。村民集体决策充分听取全体村民的意见，村中所出现的各种问题与矛盾都会通过民主渠道在公开场合得到纾解。

袁家村走向成功的关键在于以下几点：

一是坚持党的领导。党支部充分发挥战斗堡垒作用，书记起到带头人作用，村干部成为懂农业、爱农村、爱农民的"三农"工作队。

二是坚持农民的主体地位。充分尊重农民意愿，发挥农民在乡村振兴中的主体作用，调动农民的积极性、主动性和创造性，把农民发动起来、组织起来、团结起来，达到共建共享、共同富裕的目的。

三是就地乡村创新化发展。以艺术墙画、书屋、客栈、咖啡厅、酒吧、创意工坊等新业态和文创青年、时尚达人参与投资经营为特征，丰富了袁家村的服务配套项目和设施，进一步满足都市居民休闲度假和文化消费的需求。

四是就地乡村引流创业化发展。吸引城市主体下乡投资和创业，提升了袁家村乡村旅游的品质，带来更多的资源要素，全面提升了袁家村关中印象体验地基础设施水平，服务功能齐全，吸引各类人才聚集，促进三产融合发展。既有田园风光，又享时尚生活；既有现代气息，又有乡愁民俗。袁家村已成为产业特而强、功能聚而合、形态小而美、机制新而活，宜业宜居、开放多元的特色小镇和幸福家园，充分满足人们对高品质生活的向往和追求。

第五章

搭建全域综合体

全面实施乡村振兴战略，其核心功能就是要提升乡村的造血能力，这需要依靠于产业，决定于产业的可持续发展。打造乡村振兴全域综合体，要以产业为抓手，以点带面、串珠成链，推动乡村振兴的转型升级，打造乡村振兴综合体，努力实现乡村全域美丽、全面振兴，实现乐业、乐居、乐养、乐游等需要，提升人民群众的获得感、幸福感。这是区域发展的需要，也是乡村振兴软实力的展现。

一、搭建全域综合体的产业配方

产业是乡村振兴的基础，是实施乡村振兴五大振兴的物质保障。在城乡融合的大背景下，乡村产业发展和培植具有更高的适配性，要因地制宜建立以一产为主导的二、三产融合发展模式（123 模式），以二产加工为主导的一、三产融合发展模式（231 模式），以及以三产为主导的融合发展模式（321 模式），产业模型的模式选择和培育是关键，需要政府立足本地实际，更高位谋划产业振兴组合模式，培育壮大特色产业，推进一二三产业融合发展，更需要有效地与市场对接，找到城乡融合的力量源泉，努力走出一条具有县域特色的乡村振兴新路子。鼓励依托乡村生态资源价值，因地制宜培育发展新产业新业态，推动居住、康养、文旅、电商、商贸、物流等多功能、多业态融合发展。

（一）产业为基

乡村振兴，乡村是主战场，产业是乡村经济发展的重要支撑。产业振兴是生态、文化、人才、组织振兴的物质基础，只有产业振兴，才能增强乡村吸引力，促进乡村全面可持续发展。发展乡村富民产业，鼓励社会资本开发特色农业，支持农业现代化示范区主导产业全产业链升级，积极参与建设现代农业产业园、优势特色产业集群、农业产业强镇、渔港经济区，发展特色农产品优势区，发展国家农村产业融合发展示范园，支持建设"一村一品"示范村镇。鼓励企业到产地发展粮油加工、农产品初加工、食品制造。支持发展特色优势产业，发展绿色农产品、有机农产品和地理标志农产品，支持拓展农业多种功能，挖掘乡村多元价值。建设标准化生产基地、集约化加工基地、仓储物流基地，完善科技支撑体系、生产服务体系、品牌与市场营销体系、质量控制体系，建立利益联结紧密的建设运行机制。巩固提升脱贫地区特色产业，鼓励有条件的脱贫地区发展光伏产业。因地制宜发展具有民族、文化与地域特色的乡村手工业，发展一批家庭工厂、手工作坊、乡村车间。加快农业品牌培育，加强品牌营销推介，鼓励社会资本支持区域公用品牌建设，打造一批具有市场竞争力的农业企业品牌。

农业要强，产业必须强，发展才有动力；农村要美，产业必须美，宜居才有底气；农民要富，产业必须旺，增收才有保障。"诸城模式""潍坊模式""寿光模式"的核心都是农业产业化，其本质都是推动农业生产要素在更大范围、更高层次的优化配置，方向都是提升农业产业化水平，推动农业高质量发展。寿光蔬菜享誉全球，已经实现了用工业化模式生产蔬菜，用保姆式做全产业链服务，形成了"六统一"的标准化管理体系、联农带农金融赋能体系、全链条的运营体系和品牌化营销体系。

产业具有区域特点，也具有广泛性。就产业的本质来说，一定讲求地缘优势和在地化属性。在产业培植中，实现一二三产业融合过程，需要打好组合拳，这也是实现产业竞争优势的根本。如何在土地上发展有效益的产业，实现土地的富裕增值？就是要在现代农业、文旅康养、商学研创、宜居社区上形成综合优势。在田园、乐园、产园、家园、学园、创园上下工夫，花大气力实现产业联动、功能互补、联合驱动，发挥好农业的基础性作用，三产融合带动作用，社会化农业、休闲农业、科普农业的引领作用，如图 5-1 所示。

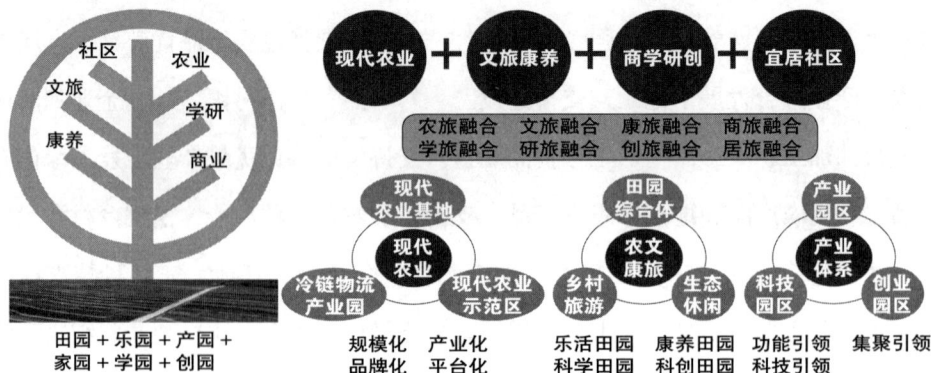

图 5-1　乡村振兴产业培植架构

产业是从土地上长出来的，本身具有生命力。生命力的强弱、增值空间的大小会有差异。差异就在于产业的根基和立足点是否与当地特色融合匹配，是否深度挖掘出乡村 DNA 和地缘优势。鉴于此，因地制宜是首要条件，要结合本地的优势资源，充分调配农村资源优势，坚持产业为基、五大振兴系统协同、城乡融合一体、新型城镇化各自发挥应有作用。按照"以全局谋划一域、以一域服务全局"，以县域经济发展为背景，坚持连片打造、全域发展，构建全域全要素支撑体系，打通一二三产融合产业链条，打造特色乡村产业，让农业成为有赚头的高效产业，让农民成为有尊严的体面职业。

（二）三产一体

积极打造优势特色产业集群，以绿色田园先行片区为载体，突出区域特色品牌，结合国家农村产业融合示范园创建提升，打造一批涵盖生产加工、科技服务、文旅休闲的农村产业融合发展平台，推进农业全产业链高质量发展。提升休闲农业和乡村旅游水平，打造一批民宿集聚点、乡村旅游路线和农事节庆文化活动，围绕旅游古镇、特色村落、乡村民宿等，打造一批特色村镇休闲区，满足城乡居民的消费休闲需求。

温铁军等著《从农业 1.0 到农业 4.0》中提出，世界上农业 1.0 时代趋向于大规模农场的集约化经营，是早期西方殖民化派生的模式。演化到与当代生态文明结合的农业 3.0+4.0 时代，不同地区发展的机遇是不同的，如图 5-2 所示。

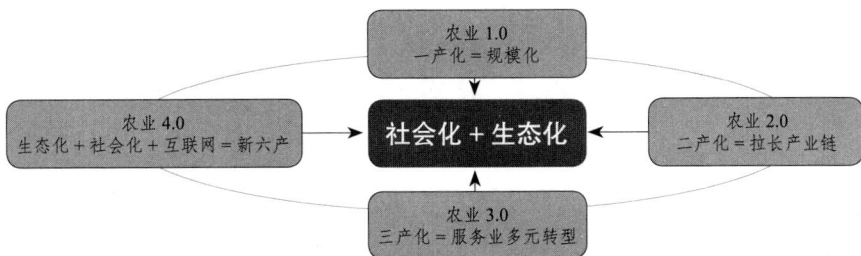

图 5-2 农业 1.0 到 4.0 示意图

农业 1.0 主要是殖民化的结果，发展出来的就是大规模的农场。也因此，在中国照搬来的西方教科书描述的农业规模经济、集约化大生产模式，在非殖民地条件下很难形成。我国国土面积的 70% 是山区，无论谁搞单一作物的区域化种植都会破坏生态环境。因此，大多数地方只能放弃农业 1.0 版的现代化想象。农业 2.0 版的现代化，意味着进入工业时代要用工业的生产方式来改造农业，一般叫设施化农业、工厂化农业。可以称之为"农业二产化"。农业 3.0，也可称之为"农业三产化"，是把农业直接和第三产业结合，农业 3.0 首先是发展和各地自然、社会等资源条件高度结合的多元化农业，在生态文明时代追求绿色可持续性。农业 4.0 社会化生态农业，是在农业 3.0 基础上，全面推进农业的社会化、生态化、互联网，实现新六产格局。

农村一二三产融合发展，是乡村产业振兴的内涵诉求，也是实现乡村产业造血功能的出路所在。农业作为基础，发展休闲旅游、养生体验，作为绿色经济的主题，通过自然资源的三产化重新定价获得产业链全链条收益。受到市场和自然环境的影响，单纯农业种植不会持续增产增值，即便是农业种植实现适度规模化，也很难提升土地的附加值。只有形成"产加销"一体化，形成一二三产业融合、延伸产业链，结合创意农业、科普农业、观光农业、生态农业，提升产品的附加值、提高土地的收益，形成产业链联动，实现初次收益、二次分配、多次收益叠加，推进产业链融合与收益互补。

（三）全域培植

农业农村部发布《关于加快农业全产业链培育发展的指导意见》，明确要求加快培育发展农业全产业链。到 2025 年，农业全产业链标准体系更加健全，农业全产业链价值占县域生产总值的比重实现较大幅度提高，乡村产业链供应链现代化水平明显提升，现代农业产业体系基本形成。培育一批年产值超百亿元的农业"链主"企业，打造一批全产业链价值超百亿元的典型县，发展一批省域全产业链价值超千亿元的重点省。

通过聚焦规模化主导产业、建设标准化原料基地、发展精细化综合加工、搭建体系化物流网络、开展品牌化市场营销、推进社会化全程服务、推广绿色化发展模式、促进数字化转型升级，融合创新链、优化供应链、提升价值链、畅通资金链，找准抓手、形成合力、搭建平台、聚合要素、建设载体、筑牢支撑、创新机制、注入活力等措施，打造一批创新能力强、产业链条全、绿色底色足、安全可控制、联农带农紧的农业全产业链，为乡村全面振兴和农业农村现代化提供支撑。

准确把握超大城市乡村发展功能定位，以满足超大城市居民需求为导向，促进一二三产业融合发展，培育引导乡村新产业新业态新模式，全面构建与国际大都市相适应的现代乡村产业体系。

1. 现代农业板块

大力推动现代农业发展，加大绿色农业与旅游业等第三产业融合，打造精品农业、观光农业、生态农业，构建现代农业生产体系、产业体系、经营体系，用现代科学技术改造农业、用现代物质条件装备农业、用现代经营形式推进农业、用现代发展理念引领农业、用培养新型农民发展农业。加强农业生态环境建设，大力发展农业循环经济，综合开发农业的经济、生态、生活、社会功能，全面建成空间布局合理、功能多元表达、产业优化发展、资源节约利用、经济效益显著、生态环境友好、城乡社会和谐、具有显著区域特色和核心竞争力的、全国一流水平的现代农业。促进农业现代化、精品化、集群化、特色化，积极建设国家级现代农业示范区，推进农业先进科技及基础设施建设、优化农产品品牌塑造、优势产业集中连片开发、新型农业与休闲农业增产。坚持生产、生活、生态、社会并举，全力打造生产示范、技术研发、休闲观光、加工流通、科普展示的现代农业示范效应。

2. 工业产业板块

结合产业基础、资源禀赋、区位交通等优势，要以工业化思维抓农业现代化生产，用工业化思维推进现代农业标准化，建设一批标准原料基地、集约加工转化、区域主导产业、紧密利益联结于一体的农业产业强镇，全面打响特色农产品品牌，走好农业精深加工之路，不断提高产品附加值。

3. 服务业板块

促进乡村三产融合发展，发挥乡村新型服务业近消费端、与现代传媒技术结合度高、最适合与文化元素融合、产出效果最明晰直观的优势，打造休闲农业、乡村旅游、餐饮民宿、创意农业、农耕体验、康养基地等产业，充分发掘农业农村生态、文化等各类资源优势，打造一批设施完备、功能多样、服务规范的乡村休闲旅游目的地。

（四）商业模式

乡村振兴是建设现代化强国的关键战略。全面推进乡村振兴的历程中，关键是产业要振兴，而产业振兴的核心是建立有效的商业模式，如何用商业化思维挖掘多元乡村价值是新语境下的时代考题。既是激励和扶持农民群众立足本地资源发展特色农业、乡村旅游、庭院经济，多渠道增加农民收入的过程，也是强化小农户与合作社、家庭农场、民宿联盟的利益联结的过程，即把小农户嵌入现代农业产业链、价值链和利益链。其中，新型经营主体利益联结最为关键。

1. 乡村文旅驱动模式

旅游业"十四五"规划提出，深入挖掘、传承和提升乡村优秀传统文化，带动乡村旅游发展。完善乡村旅游政策保障体系，鼓励各地区因地制宜将乡村旅游纳入县域相关规划，统筹推进乡村旅游道路、停车场、厕所、污水垃圾处理设施等基础设施建设。实施乡村旅游精品工程，优化乡村旅游产品结构，丰富产品供给，推出一批全国乡村旅游重点村镇，打造全国乡村旅游精品线路，公布一批国际乡村旅游目的地，培育一批乡村旅游集聚区，构建全方位、多层次的乡村旅游品牌体系。建立健全利益联结机制，让农民更好地分享旅游业发展红利，提升农民的参与度和获得感。有效衔接乡村振兴战略，重点支持脱贫地区乡村旅游发展壮大。统筹用地、治安、消防、卫生、食品安全、环保等方面政策，落实乡村民宿经营主体房屋安全管理责任，推进乡村民宿高质量发展。乡村旅游在促进农民增收、产业多元、村庄靓丽等方面具有重要作用，成为乡村振兴的支柱产业和重要途径。

2. 现代农业驱动模式

以种植业为主的地区积极发展田园综合体等特色文旅和休闲农业，推进装备农业和智慧农业发展，加大自动化、智能化装备推广力度，应用物联网、大数据等手段，建设一批粮食生产无人农场及食用菌、蔬菜和花卉园艺等植物工厂，稳定粮食种植面积和产量，大力推广花卉等经济作物，努力打造都市型农业。全力支持种源农业发展，加快推进农业种质资源保护和利用体系建设，为国家打好种业翻身仗做出贡献。推进生态循环绿色农业发展，加快开展化肥农药减量增效行动，积极推行种养结合等节肥节药的生态农业模式，积极引入农业生产、加工、销售、营销、文创等企业，站在市场角度生产满足消费者需求的产品，同时，也要有引领消费需求意识，创造更多新的农业应用场景和新需求。

3. 冷链物流驱动模式

重点功能区和工业园区周边促进关联产业向乡村延伸布局，集聚一批总部企业和研发中心，打造产销对接信息平台，在产业规模足够大的情况下打造农产品区域公用品牌，保障供需信息对接，树立品牌发展意识。

4.全域土地综合整治驱动模式

落实国家乡村振兴战略要求，2019年12月，自然资源部出台了《关于开展全域土地综合整治试点工作的通知》，在全国选择300个土地综合整治示范村镇作为试点，土地利好政策陆续出台，创新城乡融合机制体制，伴随土地政策逐步明朗。全域土地综合整治，就是对生产、生活、生态三生空间的重塑。在政策层面是一种工具、是一种战略举措；在实操层面是一个产业模型。全域土地综合整治，是在全域产业规划的前提下对全域资源的再利用，讲求的是未来空间再利用。比如，海南省临高县国家级全域综合整治项目，以全域土地综合整治为抓手，通过空间的腾挪，形成新城镇、港口、冷链物流产业园、现代农业示范区的产业格局。

二、建造全域综合体的关键是"六合"

农业是一二三产融合发展的基础。推动传统商业综合体转型升级为文体商旅综合体，关键点在于"农"字，其中，"农"既包含了农林牧副渔在内的大农业，也包含了从农业中延伸出来的农产品加工业及服务业。支持农业产业化龙头企业、农垦企业联合家庭农场、农民合作社等新型农业经营主体、小农户，加快全产业链开发和一体化经营、标准化生产，开展规模化种养，发展加工和流通。开创品牌、注重营销，推进产业链生产、加工、销售各环节的有机衔接，贯通产加销、融合农文旅，推进延链、补链、壮链、优链，打造一批创新能力强、产业链条全、绿色底色足、安全可控、联农带农紧的农业全产业链。鼓励社会资本聚焦比较优势突出的产业链条，补齐产业链条中的发展短板，参与现代种业提升、农机研发与应用、智慧农业、设施农业等产业发展，提升产业链供应链现代化水平。支持龙头企业下乡进村，建立分支机构、生产加工基地等，发挥农业产业化龙头企业的示范带动作用。中等收入人群的增长、带薪休假制度的进一步落实和居民消费结构的变化，推动着原来以观光休闲为主体的旅游市场逐渐向以度假居住为核心，结合观光、休闲、体验、养生的度假市场转变，大众度假时代已经全面来临。度假时代下，人们不再追求赶景点、忙拍照，而是希望尽可能地停留下来，沉淀心灵、享受生活、体验"闲情逸致"，最终带来身体的放松与心灵的愉悦。可见，旅游度假的核心价值是游客身心的健康。因此，旅游与健康有着天然的耦合性，二者的结合发展，为健康小镇的发展奠定了基础。

乡村文旅驱动是农业社会化的内涵诉求。当前，乡村旅游发展的一个重要特征是由内而外、由近及远的3个层次融合，即文旅融合、文体康旅融合、文体康旅与相关行业的融合。而促进融合的主要方式，是产业融合、服务融合和智慧融合。此外，无论是乡村振兴，还是乡村的文旅发展，人是关键。因此，要处理好村民与外来力量的关系，也就是内力与外力的关系，要做到尊重文化规律、尊重市场规律、尊重人才规律。按照马斯洛需求理论，我国城乡居民整体需求上升到更高阶段的需求层次，需求层次体现综合性，多种需求需要一揽子解决，多种目的一步达到。特别是面对大众旅游的客观需求，农文康旅商学研的泛社会化、娱乐化、旅游化，任何一个方面都是在大家参与、众人分享中得到更充分的实现。

推动农文康旅商学研的融合发展，才能推动城乡全面融合。时下的城市居民对乡村文化、旅游康养的需求越来越大，城市居民还能在消费乡村文化、旅游康养和资源服务的同时，与乡村居民建立面对面、全方位的深入交流和联系。基础设施和公共服务逐步实现城乡一体化、全覆盖。与城市相比，乡村拥有较丰富的生态资源、文化资源、农业资源，具有在乡村发展文化产业、旅游产业、休闲农业和康养产业的优势。农文康旅商学研融合发展是释放农村活力、发展现代农业、促进农民增收的有益探索，也是推进乡村振兴的创新实践。

推进农文康旅商学研的融合发展，是解决乡村振兴产业发展难题的有效举措。以乡村文旅为引擎，融合创意产业、商务休闲、文化体验、游乐体验、特色餐饮、民宿酒店、旅游配套等引擎载体，扩大文旅引流功能；以农业为基础内核，发展农业生产功能、加工功能、观光功能及示范功能，推动农业的社会化等多元参与性；以康养为载体，实现康养配套、医疗产业、理疗美容、有机食品、保健产品、健康管理、康养创意集合配套，推动泛农业化格局；以商业作为配套，打通城乡大动脉，实现就地化商业变现路径、推动与终端客户联结；以研学为外延，扩大农业、文旅、康养、商业示范效应，讲好乡村振兴故事，推动更多资源的集合。图 5-3 为"农文康旅商学研"综合体模型。

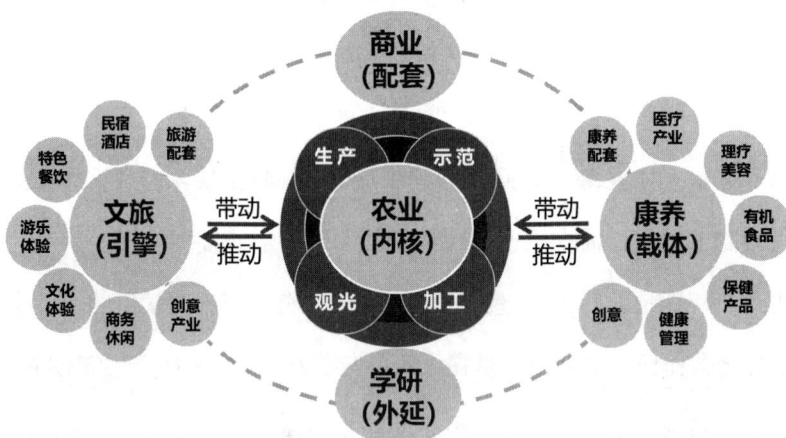

图 5-3　农文康旅商学研产业融合模型

该模型明确了产业的功能和担当，又打通了各产业板块之间的边界，使各产业互为上下游、互为服务平台，实现产业链融合、供应链融合、营销链融合、创新链融合和人才链融合。在此基础上，提出农旅融合、文旅融合、商旅融合、康旅融合、创旅融合、研旅融合的路径方式，系统阐述内在诉求、内涵逻辑、配套体系。

（一）农旅融合

乡村振兴不只是农业，乡村除了生产粮食外，还要生产旅游休闲。农业是乡村振兴的基础，也是一二三产融合发展的源头，没有农业就不能称其为乡村振兴，但乡村振兴不仅仅是农业，农业产业化、社会化、互联网化是一二三产融合的必然趋势。农业从 1.0 走向 4.0，在实现互联网化、数字化、社会化过程中，已经从单一的生产种植走向观光、体验、研学、交流等多重功能融合，科技农业、智慧农业、休闲农业、观光农业等已经将农业推进到新六产格局，是城乡融合新时代背景下的客观需求。农旅融合成为必然趋势，也是农业产业链的延长出口，使得农业边界更加多元，闭环路径多重叠加。如何将农业和乡村旅游有机融合成为乡村振兴走深走实的重要因素之一。

坚持"农旅结合、以农兴旅、以旅带农"理念，大力发展观光农业、体验农业，拓展新兴旅游业态。以"农"为引领的融合发展模式，长远规划农业＋旅游产业、项目业态、农副产品，把农业产业的提质升级与农业农村的长远发展机会相结合，构建农旅融合的新发展格局。这需要在多个维度上架构农旅融合的路径方式。农旅融合产品可分为十二类，包括田园综合体、农业主题公园、休闲农业、文化创意农园、田园小镇、农业研学基地、休闲乡村旅游、现代农业产业园、农业康养基地、乡村民宿、主题牧场和高科技农业示范园等。

从政府层面建立智慧化农业＋文旅的智慧化解决思路和分期计划、方案。通过统一的智慧化采集平台和多样化的采集工具、采集流程、采集办法，分层次、分区域、分阶段、分人群地对消费数据进行采集、梳理、分析、利用，指导乡村农业＋乡村旅游的有机结合。在尊重产业发展、市场规律的前提下，布局农旅融合大格局，除了基础配套、公共服务，更多地提供软性指导与帮助，更多地发挥政府在相关文明服务、文明消费等方面的制度优势，更多地展现乡村人的淳朴风貌，城乡居民的理性消费习惯。

从相关惠农、惠旅政策的落地实施方面，需要有先见性与连贯性，平衡农业＋文旅的政策投入、基建投资与顶层指导、方法指引。更多地在顶层设计的指导、产业发展的引导、产品研发的指引，以及就地化基因等方面，引导农旅融合发挥作用。培育多种农业经营主体，包括家庭农场、专业合作社、行业协会、龙头企业、农村社会化服务组织及专业业态等多种主体，引导各类社会资本投向农村，实现市场化经营、规模化发展的现代农业。

（二）文旅融合

中华优秀传统文化蕴含着丰富的哲学思想、人文精神、价值理念、道德规范，积淀着中华民族最深沉的精神追求，是中华民族生生不息、发展壮大的丰厚滋养。文化是一个国家、一个民族的灵魂。文化兴，国运兴；文化强，民族强。没有高度的文化自信，没有文化的繁荣发展，就没有中华民族伟大复兴。实现中华民族的伟大复兴，推动中华优秀传统文化创造性转化、创新性发展，铸就中华文化新辉煌。创新性发展，就是要按照时代的新进步新进展，对中华优秀传统文化的内涵加以补充、拓展、完善，增强其影响力和感召力。适应社会主义现代化发展需要，是中华优秀传统文化保持旺盛生命力的重要根源。我们要立足时代、把握时代，对中华优秀传统文化进行创新性发展，更好地彰显时代精神。

激发中华优秀传统文化的生机与活力，要一以贯之坚守人民立场，坚持以人民为中心，坚持为人民服务。新时代，人民的美好生活需要日益增长。在坚守人民立场中，推动中华优秀传统文化创造性转化、创新性发展，就要着眼于人民群众对美好生活的向往，回应人民群众对美好生活的新期待，创造出更多贴近人民群众生活的优秀文化作品，以文化人、以文育人，为人民提供更多更好的精神食粮，不断增强人民群众的文化获得感，让人民群众的物质生活和精神生活都得到改善。

结合红色文化资源、传统文化资源，紧抓文旅融合，探索文旅融合助力乡村振兴的发展模式，唤醒乡村沉睡的美丽，以文化旅游筑就乡村振兴的美途佳境。发掘、保护、激活和弘扬乡村文化，文化产业赋能乡村振兴已经在路上。当前，文旅创客快速发展，特色文化企业破土成长，特色文化产业集链成群，为乡村振兴提供重要支撑和力量。为更好地打造"保得住生态、留得住文化、记得住乡愁"的"最美乡村"，通过建设村史馆、乡村记忆馆，通过对英雄人物、老物件、农具等的展示，让乡村文化在潜移默化中深入人心，并吸引游子归乡、城市客群入乡，多元化展现文旅融合欣欣向荣场景。

文化产业赋能乡村振兴，既要培育企业，也要打造品牌。坚持乡村文化品牌化之路，在品牌创新中保护农耕文明，在传承农耕文明中孕育品牌。在培育企业方面，乡村文化开发的短板是市场主体发育滞后，要支持培育和引进骨干文化企业，扶持乡村小微文化企业和工作室、个体创作者等发展，鼓励多元行业企业和社会资本通过投资乡村文化产业，形成文化产业赋能乡村振兴的企业矩阵。在打造品牌方面，要着力解决小、散、乱的问题，避免低水平同质化建设，要着眼于形成一批具有市场竞争力的特色文化产业品牌，建成一批特色鲜明、优势突出的文化产业特色乡镇、特色村落，推出一批具有国际影响力的文化产业赋能乡村振兴典型范例。品牌建设重点是鼓励各地加强"中国民间文化艺术之乡"建设，塑造"一乡一品""一乡一艺""一乡一景"特色品牌，形成具有区域影响力的乡村文化名片，充分开发民间文化艺术研学游、体验游等产品和线路，培育形成具有民族、地域特色的传统工艺产品和品牌。

(三）商旅融合

乡村振兴推动城市消费群体下沉，需要有乡村旅游作为载体，但关键还是靠商业服务配套。许多乡村振兴旅游驱动项目，商业服务配套不足，特别是在"住下来""吃得好"等以人为核心的生活需求方面投资不足，造成有人流没有现金流。

鼓励发展休闲观光、乡村民宿、创意农业、农事体验、农耕文化、农村康养等产业，做精做优乡村休闲旅游业、乡村新型服务业。支持挖掘和利用农耕文化遗产资源，发展乡村特色文化产业，培育具有农耕特色的乡村文化产品，大力开发乡宿、乡游、乡食、乡购、乡娱等休闲体验产品和商业服务配套体系，建设农耕主题博物馆、村史馆，传承农耕手工艺、曲艺、民俗节庆，促进农文旅融合发展。鼓励发展生产性服务业，引导设施租赁、市场营销、信息咨询等领域市场主体将服务网点延伸到乡村。引导采取"农资＋服务""农机＋服务""科技＋服务""互联网＋服务"等方式，发展农业生产托管服务，提供市场信息、农技推广、农资供应、统防统治、深松整地、农产品营销等社会化服务项目。鼓励社会资本拓展生活性服务业，改造提升餐饮住宿、商超零售、电器维修、再生资源回收和养老护幼、卫生保洁、文化演出等乡村生活服务业。

鼓励非遗特色旅游景区发展。竭力打造集现代农业种植、休闲旅游观光、生态康养、乡村亲子互动等多功能于一体的生态农业，积极打造近郊游、生态游、采摘游等休闲品牌，推动产业向高品质、多样化升级。销售模式也在传统店销的基础上，拓展了"网销"渠道，利用各大电商平台，拓宽宣传销售渠道，进一步叫响区域农副产品品牌，扩大老百姓增收致富的主渠道。

创一个品牌、带一个产业、富一方百姓。塑造产业品牌、企业品牌和产品品牌。强化品牌孵化和品牌培育，助力农产品消费的转型升级。讲好农产品与大产业、农产品与大民生、农产品与大品牌、农产品与大区域关系的故事，推动乡村振兴、价值提升和产业富民。认真梳理特色农产品，鼓励农特产品加强品牌培育、推广、宣传，形成适合网上销售的系列产品，增强自身产品竞争力，切实推动电商品牌形成产业化、规模化效应。优质的品牌可以提升项目的附加值，进而提升企业的竞争力。发挥社会化农业优势，依据生态人文景观具有的天然优势，吸引城乡居民消费集聚，带动农家乐、民宿体验、农产品销售以及由此产生的上下游服务产业链发展。

发展冷藏保鲜、原料处理、分级包装等初加工，到产地发展粮油加工、食品制造等精深加工，在主产区和大中城市郊区布局中央厨房、主食加工、休闲食品、方便食品、净菜加工等业态。鼓励参与农产品产地、集散地、销地批发市场、田头市场建设，完善农村商贸服务网络。加强粮食、棉花、食糖等重要农产品仓储物流设施建设，建设一批贮藏保鲜、分级包装、冷链配送等设施设备和田头小型仓储保鲜冷链设施。鼓励有条件的地方建设产地冷链配送中心，打造农产品物流节点，发展农超、农社、农企、农校等产销对接的新型流通业态。鼓励发展生鲜农产品新零售。支持冷链物流企业做大做强，支持大型流通企业以县城和中心镇为重点下沉供应链，促进农村客货邮融合发展。完善商贸服务体系，配套完善寄递物流服务体系。加快推进县乡村三级物流体系建设，配套完善县域农村物流服务网络，有效整合物流资源，加快构建县城集配中心＋乡镇中转中心＋村级快递驿站的三级物流配送服务体系，畅通"农产品上行"和"工业品下行"渠道，实现降本增效，有效解决寄递物流"最后100米"问题。

配套完善城乡市场服务体系、提升乡村商业综合体服务功能，充分发挥市场载体服务功能，方便群众生产生活，有效解决"买难卖难"问题。配套完善农村电商服务体系。提升公共电商服务中心和物流电商仓储配送中心服务功能，优先解决电商服务"最先一公里"问题。加快集科技创新、企业孵化、创业就业、人才培养等功能为一体的农村电商产业园区建成落地，强化电商人才培训，破解农村电商人才紧缺问题，大力培育电商主体，壮大电商队伍，积极引导电商站点适时开展线上线下交易，深入推广农村电商应用，促进农产品上行，助力"三农"发展和农民持续稳定增收。

（四）康旅融合

随着乡村振兴、健康中国等国家重大战略的提出，如何通过康养旅游提升乡村吸引力、助推乡村振兴，同时，又能满足人民日益增长的美好生活需要，成为社会各界关注的重要课题。旅游业"十四五"规划提出，依托特色地理景观、自然资源和生态资源，完善综合服务功能，建设一批山岳、海岛、湿地、冰雪、草原、沙漠、湖泊、温泉、康养等旅游目的地。积极打造多元化的生态旅游产品，推进生态与田园、康养、文化、旅游、教育、互联网等产业深度融合，大力发展生态体验、生态科考、生态康养、生态旅游等，倡导智慧旅游、低碳旅游。开展森林康养、自然教育、生态体验、户外运动，构建高品质、多样化的生态产品体系。

康养也因为与旅游融合，找到了一条大众化、市场化的道路。以康养为引领的融合发展模式，如海南三亚、广西北海和河北北戴河等。阐发乡野村趣，着力创意策划，打造特色民宿、农家乐，瞄准高端康养客户群体，融入健康和养生项目，打造轻奢精品酒店和古道休闲养生基地，初步形成高端民宿集聚区，满足游客休闲康养需求。延伸美食制作体验，吃农家菜、品农家风，亲身体验乡村生活，感受传统美食的文化魅力。

我国旅游业起步于20世纪80年代，经过30余年的发展，逐渐形成了一定规模的产业。康养旅游在我国起步更晚，仍处于初期阶段，带动消费能力偏弱，发展程度较低。目前，我国康养旅游的重要模式之一是开发售卖避暑地产，主要对象以老年人为主，主打产品为夏季"纳凉避暑"。但是，居住环境优美的度假地产只能让消费者身心达到初步的愉悦状态，缺少诸如疗养、养生保健、文化娱乐、心理关注等配套产业和服务。这导致很多康养旅游目的地吸引力不大，唯一性不强，无法充分实现康养目的，也不利于项目的持续发展。不仅如此，在全域旅游背景下，全国很多地方特别是乡村尝试发展康养旅游，在缺乏顶层设计及有经验、有实力的经营主体介入的情况下，"农家乐＋民宿""农家乐＋采摘"等旅游项目遍地开花。但是，这些项目大都是低水平的重复建设，缺乏特色、缺乏内涵、缺乏卖点，难以留住旅客，更难以拉动消费。

康养旅游在形式上是旅游业和健康业相互融合的新业态，在本质上是一种因人们旅游需求不断更新升级而形成的旅游活动的总和，是休闲度假旅游产品发展到高级阶段的产物。我国进入大健康时代，就是围绕人的衣食住行、生老病死，对生命实施全程、全面、全要素的呵护，是既追求个体生理、身体健康，也追求心理、精神等各方面的健康的过程。游客参加康养旅游的目的是为了满足其修身养性、康体保健的需求。

考虑乡村容量。一要充分考虑环境容量。乡村发展康养旅游的最大依托是优美的自然环境，若自然环境被过度开发，不仅会破坏乡村的自然风光，还会给游客带来某些负面体验。二要充分考虑人口容量。乡村开发康养旅游，往往带来人口的聚集。人口数量和规模的增加，会带来水、电、气等供给紧张，引发就业、上学、就医、租房困难等一系列问题，还可能带来外来人口与本地人口的竞争等问题。三要充分考虑心理容量。从社会转型对个体心理影响的角度来说，乡村发展康养旅游是乡村居民与外界新思想、新理念、新元素碰撞与磨合的过程。在这一过程中，原有的村落生活习惯、传统习俗等会受到冲击，若处理不当，可能会给本地人带来焦虑和担忧。

转变三个观念。一是避免将康养旅游等同于康养地产。很多开发商看中了乡村优美的自然环境，并以发展康养旅游的名义开发旅游地产，将土地作为其核心资源。而康养旅游在产业链上还应该包括医疗疗养产品、休憩娱乐产品、颐养教育产品以及品质服务、品牌供应等，核心是对度假产品全产业链的持续运营，通过服务产品营利。二是避免将老年人作为目标消费群体。老年人只是康养旅游市场的一部分，随着亚健康人群的不断增多及年轻化，康养旅游的目标人群应该是各年龄段的消费群体。三是避免将"养老"作为产业主题。康养旅游不等于养老度假，其更多的是通过运动、休闲、度假、养老、养生、医疗等多种功能的实现，使人在旅游的同时，促使身体、心灵保持良好的状态。

找准发展方向。在发展康养旅游时，应充分挖掘乡村的资源优势，让康养旅游与各类特色资源、特色产业相融合。具体而言，乡村可结合实际重点探索"林旅＋康养"森林康养模式，充分利用森林植被覆盖率高、负氧离子高的优势；"农旅＋康养"农旅融合模式，充分利用"一村一品"农业产业基础上的泛农业、社会化功能；"医旅＋康养"融合模式，充分利用中医药优势、药食同源健康载体功能；"文旅＋康养"融合模式，充分利用民族文化、红色旅游文化等资源优势驱动。同时，在康养旅游融合业态、产品设计上应实现多元化，做到高端（养心）、中端（养身）、低端（养眼）多层次化的产品组合，以满足不同群体康养需求。

把握康养旅游发展机遇。一方面，虽然当前受疫情影响旅游业受到一定的影响，但是从长远来看，其发展潜力巨大，仍然是朝阳产业。从 2021 年各小长假可以看出，外出旅行人数开始逐步增长。另一方面，消费者在外出旅行时对自身健康更加关注，康养旅游正好满足了人们对健康的追求。因此，在乡村振兴的过程中，应更多关注康养旅游产业，注重顶层设计与整体规划，出台更多的支持政策，提前谋划，主动承接大康养时代需求下沉乡村接地性，把握住康养旅游发展的窗口期。

中国古人从天人合一的思想出发，认为身心合一、形神合一，神清则气爽，气爽则气血贯通，身体健康。养身先养心，养心则需要有好的精神境界。文体康旅走在一起，一方面在很大程度上是千百年来中国传统关于身心关系认识的作用；另一方面，可充分利用文体康旅融合促进乡村发展，原因是乡村对于文体康旅的融合度高。一是产业适合。融合是乡村产业发展的主旋律，农业与文化、旅游、体育、康养的横向拓展，被视为农业功能性开发的重要路径。乡村是中国文化的"故乡"，中国传统文化中具有内在、稳定关系的文体康旅也因此在乡村最能显示其综合功能。二是场景适合。乡土气息、慢节奏、静环境、人情味，构成乡村的独特环境。从硬件上看，农村有令人感到亲切、放松的天地自然、山水田园，山光悦鸟性，潭影空人心。乡村的树木庄稼，与人同根同源，声气相通。且乡村相对而言有着更加淳朴的风土人情。三是体制适合。上面千条线，下面一根针。基层历来是体制、机制创新的土壤。在乡村推动文体康旅融合，有利于乡村的保护与发展。文体康旅在乡村开展，体现乡村生产、生态、生活的优势，体现乡村文化的精神价值和经济价值。

主动融入新发展格局。养老产业是一个特别大的概念，涵盖了第一、第二、第三产业，它包括了衣食住行以及医疗保健、娱乐、旅行、学习、教育等很多方面。康养旅游要紧抓生态保护和高质量发展等重大国家战略，把握发展机遇，发挥综合性优势，打造品牌，提升质量。要立足本地市场，瞄准区域市场，争取国内市场，主动融入全域旅游发展新格局。促进乡村康旅融合发展，强化意识，像做有机农业一样去做有机旅游，立体、综合式地放松人的身心；探索康旅融合发展规律，把握我国进入老龄化时代的趋势机遇。

国务院发布的《"健康中国 2030"规划纲要》指出，应积极促进健康与养老、旅游、互联网、健身休闲、食品融合，催生健康新产业、新业态、新模式。目前，国内做得较好的为乌镇雅园。绿城集团在拥有 7 000 多年文明史和 1 300 年建镇史的乌镇，规划打造了乌镇第一个退休颐养小镇——乌镇雅园，集颐养、颐乐、艺术中心、湿地公园、湖景水街等为一体的"世外桃源"，甚至被业内誉为"学院式"颐养小镇的必看范本。把握大健康时代，山东省、上海市等省市成立了康养集团。其中，上海康养集团注册资本 50 亿元，是由光明食品集团、中国太平洋保险集团等共同出资成立，采用市场化方式运作。突出康养结合特色，提供普惠性、多样化的养老服务和产品，积极建设综合性健康养老服务社区、精品老年公寓以及为老服务中心等，同时，努力提升居家社区养老水平，引领带动上海康养产业发展，提升老年人的幸福感和获得感。

（五）创旅融合

党的十八大做出实施创新驱动发展战略的重大部署，提出坚持走中国特色自主创新道路。而乡村的特色创新发展，也是时代的需要。乡村的发展离不开创新，创新点的选择与乡村的地理环境、美食文化、历史文化等息息相关。比如，旅游住宿方式的创新，旅游产业越来越受到市场的欢迎。住宿由原来的留宿到旅居的发展，再到现在民宿产业的崛起，这个演变过程，就是在不断挖掘市场需求，实现住宿方式的创新，推动经济不断向前发展。

乡村振兴，新时代创业的沃土在乡村。近年来，返乡入乡创新创业成为新趋势。吸引返乡入乡留乡创新创业，引导推荐"田秀才""土专家""乡创客"成为农村产业发展的"代言人"，带动了理念回归、技术回归、资金回归和人才回流，呈现出"百花争放、百舸争流"的景象，着力打造集企创、校创、乡创、社创、文创为一体的创业园区、双创基地、创意孵化器，推动乡村振兴创新体系与发展模式不断发展。

创新创业与旅游融合。产业的发展吸引了更多的农民工返乡创业，要加大对农村创新创业项目的扶持力度，积极引导有条件的返乡农民工抢抓大好创业机遇，让他们少一份背井离乡、多一份助力家乡、多一些家人陪伴，通过各种方式积极投身到乡村振兴中。采取促进就地就近就业、开发公益岗位、支持自主创业、设立未就业险等一系列举措，增强农民工等各类群体返乡创新创业的热情和信心，吸引返乡创业。

打造创业载体旅游平台化。创业产品与乡村旅游融合，成为乡村引流的功能载体，增强了造血功能，进而拓展更广范围的创业群体入乡，推动创新创业市场化、创新创业平台旅游化，扩大平台的泛社会化，引导多方主体参与，共建共享创旅融合服务平台。

创新是乡村发展的内生动力，要强化以属地政府、企业为主体的制度保障。首先在科技研发、产权保护、成果转化、人才引进培育以及国际交流等方面，形成专业化的制度设计；其次，在资金投入、财税政策、人才政策、扶持政策等方面能够完善配套。基层干部要把握好乡村发展的优势和特色，综合分析乡村的实际情况，以特色带动创新，以创新发展特色；基层干部要积极学习先进的理论知识，迎合时代发展潮流，敢于去想，敢于去做，打破格局，寻找新的突破点。

（六）研旅融合

研学实践以更加多元创新的形式融入到乡村振兴项目当中。落实"耕耘者"计划，推动研学实践活动发展，创建一批研学资源丰富、课程体系健全、活动特色鲜明、安全措施完善的研学实践活动基地，为中小学生有组织地开展研学实践活动提供必要的保障及支持。

鼓励人们亲近自然、激活内在原动力、感受成长的力量、探索未知新奇领域。以现代农业为核心，以"营地+"模式跨界连接，开发出农科研学、度假休闲、田园时尚、科普教育主题板块，将年轻人的时尚潮流引入田园，打造独特的田野时尚生活与度假休闲体验，形成集农耕沉浸体验、文化传播、潮流打卡、休闲娱乐、轻松乐活于一体的创旅融合的体验地。

通过开展丰富多元、创新趣味的研学实践活动，有效助力在地资源活化和文化教育传播，为乡村注入新活力。即亲子自然研学板块，包含了现代农业、田野乐园、自然体验、主题课程、亲子住宿、田园餐食等，是集劳动、教育、住宿、游乐、课堂、活动为一体的创新模式。发展亲子研学与乡村振兴的创新融合，有利于开拓研学新产品，创造乡村研学新模式、新业态，吸引更多人群来到乡村，助力乡村活化。同时，也能为乡村带去更多社会关注，为原住民增加收入，助力乡村振兴。

打造以绿色种植、生态养殖、农旅民宿、科普研学、劳动体验为特色的综合性社会实践基地。在开展研学板块和乡村振兴创新融合过程中，注重研学活动的开展与核心课程的设计，倡导紧密切合在地乡村要素、原生自然条件以及产业联动。

围绕农科研学策划运营系列研学活动，内容包含农耕体验、农业科普、手工作坊、艺术创作等，在传播农耕文化的同时，培养学生和青少年的动手能力、思维能力。完善多层次培训体系，围绕职业农民、实用型人才、农村带头人等展开培训，壮大人才队伍。坚持政府引导、企业参与、注重实效等原则，采取"走出去、请进来"的办法，制定科学的人才培养目标和规划，紧密与就地乡村振兴战略目标相衔接。依托就业创业政策扶持，整合社会资源，鼓励企业、大学、培训机构加强合作，提高培育质量，规范培育标准。

全民技能提升增添乡村活力。深入实施全民技能提升工程，融合线上线下培训模式，采取"边培训、边就业"和"订单式"培训，开展"送培训下乡"活动、"田间地头"培训、"农户＋企业（农民合作社）"培训、居家手工技能培训等灵活多样的培训方式，提升劳动者技能，增添乡村发展活力。

典型案例

梅州客天下位于梅州市梅江区，占地 2000 公顷，在 16 年前，这里曾是采石场、废弃的矿坑、养猪场和红砖厂，共计 4 个村 4395 人。为了改变梅州东南门户的面貌，鸿艺集团以"客天下文化旅游产业园"的定位一举中标，开启"政府引导、企业主导"的建设模式，发挥市场资源配置的决定性作用，创新推进新型城镇化的实践探索。

客天下的品牌定位是"美丽城镇生态商"，以发现美、创造美、传承美、共享美为指导原则，以美丽的特色小镇为乡镇城互动融合发展的平台，集聚以美好环境为导向的美丽产业，打造生产、生活、生态融合的美好人居环境，通过精细化运营，打造小镇项目的生态闭环系统，让美丽的环境成就美好的生活，助力美丽中国建设。目前，客天下在全国 12 个城市已经布局了 16 个文旅小镇项目。

客天下以综合型的文化旅游产业园引领城市的发展方向，集聚就地安置的村民、持续新增的业主、小镇的老板、股东及员工、产业合作方、中小型商家、政府领导近 8 万人、每年 300 万人次的游客，覆盖了开发者、建设者、购买者、服务者多种社会关系。比如，幸福特区就是一个良性的生态，累计投资约 120 亿元，相关产业年产值约 20 亿元，成功蝶变成一个国家 4A 景区、梅州城市地标和新名片、闽粤赣三省旅游目的地、中国文旅小镇标杆项目、最成功的国家矿山公园、全球客家人的精神家园，获得了国家旅游产业的最高奖——中国旅游产业杰出贡献奖"飞马奖"和亚洲照明设计优秀奖，获评"省级旅游度假区""广东省新型城镇化'2511'美丽小镇专项试点项目"等荣誉。

（一）客天下不是造出来的，而是"滋养"出来的

它综合性极强，有文旅、产业、生态、乡村振兴等多重基因。通过生态价值再造、文化传承创新、城乡居民融合、产业导入孵化、公共服务运营等模式创新。

它是一个集成了 4A 级景区、五星级酒店、客家小镇、威尼斯水城、婚庆广场等多元化文旅＋商业＋服务业态的国家级文化旅游项目。

它是一个培育了涵盖文化、娱乐、康养、婚庆、乡村、酒店、餐饮、培训的泛文旅产业体系文化旅游产业园。

它是一个对废弃采石场、养猪场、红砖厂进行改造，采用了山体修复、生态覆绿、林地保育和水利建设等综合举措的生态修复项目。

它是一个实现农民收入有增加、农村产业有升级、城乡更好地互动融合发展的乡村振兴好模式，真正地完成了"发动人—吸引人—留住人"，为区域发展创造了巨大的价值。

客天下文旅小镇的开发模式的成功基于以下几个方面：

一是文化方面，有特色鲜明、兼收并蓄的文化主题，形成文化创作方法体系。客天下通过提炼在地文化中的典型元素，形成具有唯一性的文化传播体系。比如，构建以客天下为代表的客家文化相关的 LOGO、口号、建筑形态、文化演艺、饮食文化等。客天下小镇的文化包容性强，主题兼收并蓄，既有在地文化原汁原味的表达，也有舶来要素融汇其中，文化产业便民化、民生化，让老百姓能够有最高的文化享受。

客天下文旅小镇的文化主题内涵丰富，每放一块石头，每种一棵树都有讲究。除了讲究美学经济，还要考虑所种下的一草一木，每一个建筑都跟文化主题有关；在载体和营销层面有丰富的表达内容和形式，如大到街道、酒店、场馆、演艺，小到景观小品、人员服饰、衍生的一系列文化产品等；在文化表达中还融入了 VR、AR 等高科技要素，为客户提供更加深入的感官体验。

二是产业方面，聚焦文化、娱乐、康养，培育孵化幸福产业集群。在产业发展方面，客天下拥有婚庆、农电商、影业、科技、商场、酒店、旅游、餐饮等独立的产业运营公司。经过 10 余年专注产业发展实践和各种合作模式的创新探索，已经形成文化、娱乐、康养三大产业，同时，联动其他衍生产业的幸福产业体系。客天下幸福产业体系实现了四大目标：一是顺应政策要求；二是为景区导入人流，延长停留时间；三是匹配住宅客户敏感需求，提升居住产品附加值；四是带来二次消费，增加经营利润。

三是空间方面，景区、住区、街区三大板块有机融合。客天下小镇是景区、住区、街区三大板块有机融合的空间综合体。在三大板块构成的有机整体中，住区为街区导入本地消费客流，降低淡旺季的冲击；同时，销售利润为景区和街区提供现金流反哺。景区提升了住区空间品质，并对住区居民免费开放，带来环境溢价；为街区导入外来旅客，丰富产业业态。街区为住区居民提供优质便利的生活服务；为景区提供配套补充，丰富旅游体验，完善旅游服务配套。

四是运营方面，系统化、体系化、精细化运营保证项目长期发展。客天下文旅小镇项目的运营体现为分阶段、精细化，多渠道引流，多模式创收的项目运营模式。

分阶段精细化运营上，前期以运营为核心，指导前期立项与规划工作。具体来看，在立项规划阶段，客天下对项目的总体进行可行性研究，明确定位项目主题、业态配比、产品组合、经营周期、客源区域、游客结构、消费习惯、价格接受度及周边 20 千米范围内游客喜欢的旅游产品。在前期规划阶段，招商前置，充分沟通入驻艺术匠人和商家的需求，为产品做定制化设计。

在发展期，持续性、分阶段地更新投入，淡旺季灵活投入；同时，考虑自身运营能力，将高投入的专业功能配套进行外包，集中精力做好自身专业板块。客天下通过多渠道引流的方式提升项目游客量，线上与旅游平台、本地旅行社、本地热点结合；线下，绑定本地客户资源，提高重游率，导入外部大型商务会务、培训客源。客天下通过促进二次消费、租金收入、合作收益分成等多种方式创造收入来源，综合提升客单价，将低频、单一门票经济向高频、复合型产业经济转型。

（二）通过资本协作和平台支持，逐渐转向轻资产运营

首先在资本协作方面，特色小镇的投资规模大、经营周期长，因此，客天下通过定向利用金融工具获得支持，并广泛引入政府和社会资本协作并分享收益。

其次，在平台支持方面，客天下资产运营体系提供了包括股权合作、产业基金、社会众筹等在内的金融合作平台，也包括了一套法人结构、税务统筹、并购整合、内控审计等在内的资管体系，为特色小镇的资本运作提供长效支持。

（三）创建政企民合作、多平台链接的合作运营模式

区别于某些综合开发模式中对于资源的排他性占有，客天下在特色小镇开发运营全过程中积极引入政府、企业、社会资源一同共谋共建共享。逐步打造以康养、体育、婚庆、研学等幸福产业为主的多元产业，形成文旅体验的延伸和生活的配套，持续导入流量，提升品牌，形成良性循环。同时，依托"全经联"、特色小镇研究院等平台，开展文旅招商、开发培训、会展营销等活动，为特色小镇内部的发展注入更多动能。

在乡镇城互动融合发展模式下，客天下实现了多重价值：

一是提供了创新探索的样本。客天下模式是解决三四线扩容提质、区域高质量发展的重要方案，为新型城镇化、生态文明建设、美丽乡村、特色小镇建设提供了一个可复制的成功范本。客天下在一个没有资源禀赋、区域优势、产业规划、人文环境等特殊资源的三四线城市，以文化产业为入口，发展农电商、旅游、婚庆、健康等幸福产业，创造美好生活，促进消费升级，不仅为城镇带去投资，更通过文化产业吸引人，通过幸福产业和极致的运营服务留住人，为区域留下人力资本，推动了城镇的可持续发展，为三四线城市发展提供了样板。

二是支撑了三四线城市的乡村振兴。客天下选址城乡结合部建设特色小镇和田园综合体，培育多元化产业，把城、乡两个市场、两种资源对接，将城镇建设与乡村振兴融合发展、社区建设与农村发展有机结合、社区居民与农村农民有效联动，打通农民进城、居民下乡的通道，实现村里人圆城市梦、城市人圆乡村田园梦，构建城乡融合发展体制和机制，让居民向往更美好、更幸福的乡村生活，助力乡村振兴，推动区域平衡发展。

三是代表着文旅产业融合的新时代。客天下用工匠精神做小镇，以人为本，以运营的视角，通过协调整合创新，把碎片化资源重新整合在一起，具备了系统化、体系化的运营能力，通过文化挖掘、产业融合、资源重组，将客天下打造为新城市名片，探索出了新时代文旅小镇发展新模式。

四是实现了四大融合。①实现了一二三产业的高度融合。②实现了产业、文化、生活的高度融合。③实现了生态、生产、生活的高度融合。④实现了城市和乡村的融合、产业与城市功能的融合。企业、政府、农民和居民在客天下这个统一的平台载体上，实现了跨界联合、同业联盟、异业合作；促进了功能上的协同、资源利用效益的最大化、价值上的共赢，这也是客天下融合发展的突出特点。

客天下通过产业导入、产业培育、城乡居民融合、公共服务平台的建设等创新，创造了振兴乡村的新模式，城乡统筹和协同发展的新模式，房地产开发运营的新模式、城镇化的新模式，为创新驱动、供给侧改革和市场化配置资源提供了非常好的案例和模板。

第六章

绘制全域发展路线图

在 2018 年 4 月召开的深入推动长江经济带发展座谈会上，习近平总书记指出，"长江生态环境保护修复工作'谋一域'居多，'被动地'重点突破多；'谋全局'不足，'主动地'整体推进少。"要求"正确把握整体推进和重点突破的关系，立足全局，谋定而后动。"并强调"领导干部想问题、作决策，一定要对国之大者心中有数，多打大算盘、算大账，少打小算盘、算小账。更加注重从全局谋划一域、以一域服务全局。"这就要求我们，既要善于从全局上分析研判形势、加强谋划，又要善于抓好具体工作、做好具体事情，通过解决一个个实际问题、推进一项项具体工作，为全局工作服务。

一、做好乡村全域规划

《乡村建设行动实施方案》提出，坚持县域规划建设一盘棋，明确村庄布局分类，细化分类标准。合理划定各类空间管控边界，优化布局乡村生活空间；因地制宜界定乡村建设规划范围，严格保护农业生产空间和乡村生态空间，牢牢守住 18 亿亩[①]耕地红线。严禁随意撤并村庄搞大社区、违背农民意愿大拆大建。积极有序地推进村庄规划编制，发挥村庄规划指导约束作用，确保各项建设依规有序开展。建立政府组织领导、村民发挥主体作用、专业人员开展技术指导的村庄规划编制机制，共建共治共享美好家园。

（一）系统谋划

"不谋全局者，不足谋一域"。观大势、谋全局、抓大事，是重要的思想方法和工作方法。我们干工作，如果不从全局、整体去考虑，就容易"只见树木不见森林""只见星星不见月亮"，系统体系不完整、主题不明确、引领不突出。"懂得了全局性的东西，就更会使用局部性的东西"，古人讲"得其大者可以兼其小"，说的就是这个道理。全局性的东西，不能脱离局部而独立，全局是由它的一切局部构成的。这就要求我们必须以一域服务全局，通过局部的重点突破推动全局的整体提升。对于各级领导干部来说，要牢固树立"一盘棋"思想，在重大问题上以全局利益为重，在全国发展大局中明确自我发展定位，找准自身优势和全局工作的结合点，避免干扰大局、主动融入大局、有力服务大局。乡村振兴要规划先行，通过规划系统梳理优劣势、问题难点，提出系统性的解决方案。

---

① 亩为非法定计量单位，1 亩≈667 平方米。

（二）服务县域大局

从全局谋划一域、以一域服务全局。以县域经济发展为服务大局，通过规划引领，探索区域整体开发模式。支持有实力的社会资本在符合法律法规和相关规划、尊重农民意愿的前提下，立足乡村发展实际和乡村建设现状，因地制宜、稳妥有序地探索区域整体开发模式，统筹对乡村基础设施和公共服务、高标准农田、国家级水产健康养殖和生态养殖示范区、产业融合发展等进行整体化投资，建立完善合理的利益分配机制，为当地农业农村发展提供区域性、系统性的解决方案，促进农业提质增效，带动农村人居坏境显著改善、农民收入持续提升，实现社会资本与农户互惠共赢。

区域整体开发模式的主要代表有广东客天下、鲁家村、泰山九女峰、沂河源田园综合体等，通过社会资本、工商资本、国企国资与当地政府建立政企联合双轮驱动模式，进行连片开发打造，在规划引领、全域建设、全域产业、全域治理、全域运营方面形成系统联动机制，在尊重农民主体地位、尊重生态肌理、乡土民情的基础上，全局谋划，系统解决问题，兼顾短中长期发展目标，形成片区或全域发展模式，带动更多的村民、村集体增收致富，形成了很好的示范效应。

其中，鲁家村是美丽乡村精品示范村，全国首个家庭农场集聚区。从2011年开始，在"两山"理论的指引下，以美丽乡村精品村创建为契机，鲁家村立足生态，发展产业，打造平台，用独特新颖的经营理念，把美丽乡村变成美丽经济，以"公司＋村＋家庭农场"的模式，启动了全国首个家庭农场集聚区和示范区建设，将村落中较为分散的农民承包地和全村一万多亩的低丘缓坡，改造、整合建成18个有明确主题和特色的家庭农场，将"有农有牧、有景有致、有山有水、各具特色"的田园综合体的独特魅力呈现给世人。

二、着力乡村全域建设

（一）乡村建设与政策衔接

《乡村建设行动实施方案》提出，以习近平新时代中国特色社会主义思想为指导，坚持农业农村优先发展，把乡村建设摆在社会主义现代化建设的重要位置，顺应农民群众对美好生活的向往，以普惠性、基础性、兜底性民生建设为重点，强化规划引领，统筹资源要素，动员各方力量，加强农村基础设施和公共服务体系建设，建立自下而上、村民自治、农民参与的实施机制，既尽力而为又量力而行，求好不求快，干一件成一件，努力让农村具备更好的生活条件，建设宜居宜业的美丽乡村。

乡村建设是实施乡村振兴战略的重要任务，也是国家现代化建设的重要内容。《乡村建设行动实施方案》提出，要尊重规律、稳扎稳打，因地制宜、分类指导，注重保护、体现特色，政府引导、农民参与，建管并重、长效运行，节约资源、绿色建设的工作原则。到2025年，乡村建设取得实质性进展，农村人居环境持续改善，农村公共基础设施往村覆盖、往户延伸取得积极进展，农村基本公共服务水平稳步提升，农村精神文明建设显著加强，农民的获得感、幸福感、安全感进一步增强。

（二）乡村建设与乡村规划融合

乡村建设行动与乡村规划全面融合，与规划一脉相承。乡村规划一张蓝图、乡村建设一盘棋，通过规划明确村庄布局分类，细化分类标准。加强乡村规划建设管理，实施农村道路畅通工程，强化农村防汛抗旱和供水保障，实施乡村清洁能源建设工程，实施农产品仓储保鲜冷链物流设施建设工程，实施数字乡村建设发展工程，实施村级综合服务设施提升工程，实施农房质量安全提升工程，实施农村人居环境整治提升五年行动，实施农村基本公共服务提升行动，加强农村基层组织建设，深入推进农村精神文明建设等。

三、重视乡村全域治理

深入贯彻落实《中国共产党农村工作条例》，健全中央统筹、省负总责、市县乡抓落实的工作领导体制，将脱贫攻坚工作中形成的组织推动、要素保障、政策支持、协作帮扶、考核督导等工作机制，根据实际需要运用到推进乡村振兴，建立健全上下贯通、精准施策、一抓到底的乡村振兴工作体系。省、市、县级党委要定期研究乡村振兴工作。县委书记应当把主要精力放在"三农"工作上。建立乡村振兴联系点制度，省、市、县级党委和政府负责同志都要确定联系点，如图 6-1 所示。

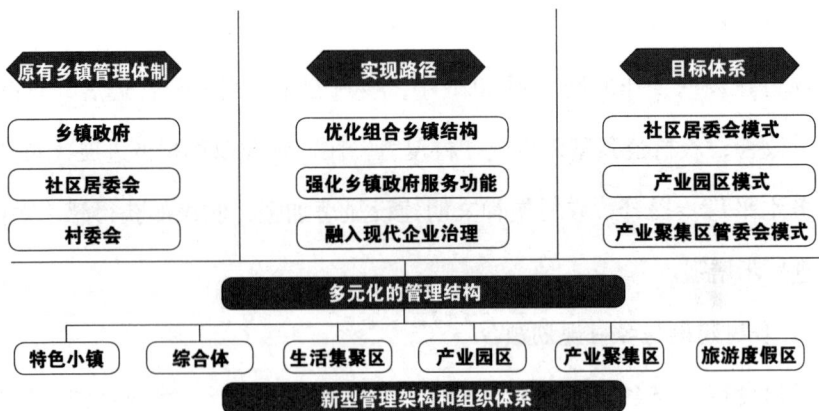

图 6-1　乡村振兴现代治理体系

原有的乡镇管理体制分为乡镇政府、社区居委会、村委会，由此形成基层基本的管理单元，三类组织的性质偏向行政管理，在脱贫攻坚和全面建成小康社会中发挥了重要作用。当我国进入全面乡村振兴时代，讲求乡村发展性，要求乡村从输血模式向造血模式转变，更加追求经济性。乡村基层治理机制模式也要伴随时代需要而发生改变，需要向社区居委会模式、产业园区模式、产业聚集区管委会模式转变。因而伴随优化组合乡镇结构、强化乡镇政府服务功能、融入现代企业治理三大实施路径。

（一）党委领导

健全党委领导、政府负责、社会协同、公众参与、法治保障的现代乡村社会治理体制，推动德治、自治、法治的有效结合，确保乡村发展安定有序、充满活力，有力推动乡村振兴。融入现代企业治理思想，要以市场与人本需求为导向，以经济价值创造为基本原则，构建乡村新型治理体系。参照"三会一层"设立决策机构、执行机构、监管机构，设置红线、底线、黄线，界定职责、明确权责，出台制度及管理办法，保障乡村按照现代企业治理体系规范、有效、健康、良性运转。健全乡村德治体系，完善道德标准体系建设，重建乡土信任，形成乡村德治秩序。强化道德教化作用，依托"村村通"广播电视、镇综合文化站、农家书屋等场所，培育文明乡风、良好家风、淳朴民风。发挥模范引领示范作用，持续开展"五星文明家庭"等争创活动，加大宣传推介，推动形成崇德向善、诚信友爱的良好社会风尚。纵深推进平安乡村建设、法治建设，净化农村社会环境，全力维护农村稳定和经济繁荣，确保乡村和谐稳定。

（二）强化乡镇政府服务功能

尊重市场规律、尊重产业属性、尊重商业逻辑、尊重业态主体、尊重城乡居民，以需求侧为出口，搭建供给侧高度匹配的供需平衡体系。改革供给侧，乡镇政府从传统的行政治理模式向乡镇服务模式转变。服务是以满足需求为目标，而行政是供给下达，不管对象是否需要、是否符合需求。行政是管理职能的展现，服务是经济价值的展现，是意识形态改变、是治理格局破立、是乡村结构重塑。加强自治能力规范化建设，拓展村民自治平台，充分发挥村委会在公共事务和公益事业办理、民间纠纷调解、治安维护协助、社情民意通达等方面的作用。健全村级议事协商制度，形成民事民议、民事民办、民事民管的多层次基层协商格局。创新村民议事形式，完善议事决策主体和程序，落实群众知情权和决策权。发挥自治章程、村规民约的积极作用，建立健全村务监督委员会，推行村级事务阳光工程。

（三）乡镇结构的调整须以人为本

加强党组织对乡村人才工作的领导，将乡村人才振兴纳入党委人才工作总体部署，健全适合乡村特点的人才培养机制，强化人才服务乡村激励约束。加快建设政治过硬、本领过硬、作风过硬的乡村振兴干部队伍，选派优秀干部到乡村振兴一线岗位，把乡村振兴作为培养锻炼干部的广阔舞台。加强村级后备干部队伍建设，持续开展"一村一策"软弱涣散村党组织整顿。健全村级重要事项、重大问题由村党组织研究讨论机制，落实好"四议两公开"制度。深化农村党建网格化管理，进一步压实网格员岗位职责。积极选派镇级骨干人员到村挂职锻炼，学习经验，全面提升基层干部的工作能力。加强农村基层党风廉政建设，强化农村基层干部和党员的日常教育、管理和监督。

四、细化乡村全域运营

乡村振兴时代，是流量为王的时代，也是运营为王的时代。如何激发农村的发展活力，如何实现乡村资源要素收益最大化，核心在流量，关键看运营。

乡村振兴如果没有运营，规划蓝图很难实现预期效果；如果运营不力，乡村振兴就没有流量，乡村经济价值就会打折，其效益很难实现。乡村产业发展，各类经营业态为乡村运营提供了有效载体和优质资源。可以说,乡村运营是推进乡村振兴的出发点、着力点和落脚点,全域运营是一个大系统,运营的细节之处便是乡村黏性的展现之处,如图 6-2 所示。

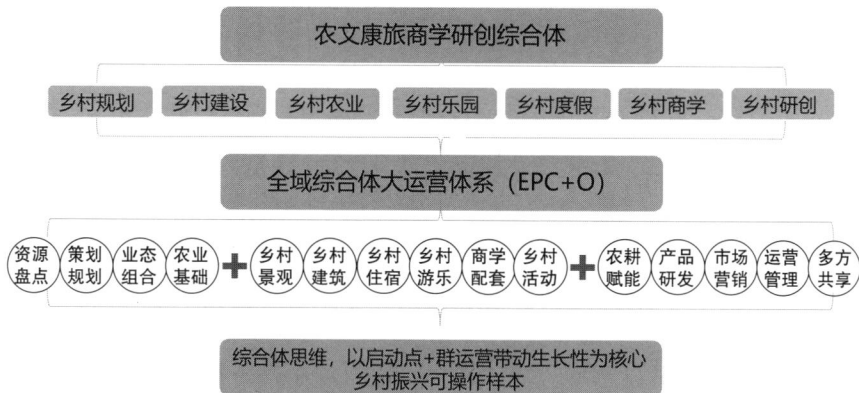

图 6-2 乡村振兴全域运营体系

在此基础上,提出全域综合体大运营体系,通过综合体思维,融入资源盘点、策划规划、业态组合、农业基础,串联乡村景观、乡村建筑、乡村住宿、乡村休闲、商学配套、商业活动,实现农村赋能、产品研发、市场营销、运营管理、多方共享,形成以启动点＋群运营带动生长性为核心的乡村振兴可操作样本。

（一）运营系统

乡村振兴战略第一个五年,处于顶层设计和路径探索阶段,乡村运营方面顶层设计较少。但当乡村振兴进入全面实施阶段,乡村发展首先看产业;其次,产业价值创造的关键在于运营。在研判乡村振兴的入口时,就要考虑顶层设计与运营落地的匹配性,避免两张皮。发展规划是乡村建设行动最前端、运营是乡村振兴终端,打通两端、实现系统贯通,关键在于将运营与规划设计衔接,通过运营思维植入,使乡村规划建设行动更具有实操性、落地性。通过运营将乡村与市场需求、目标客户联系起来，把五大振兴统筹起来，用市场力量来盘活乡村资源，促进乡村建设行动、促进乡村产业发展、促进乡村治理、促进城乡融合等，以全域为载体，打造"农文康旅商学研创"全域综合体，架构全域大运营思维体系，最终实现农民增收、集体增效、全域发展、共同富裕。

（二）运营团队

通过与乡村"联姻联亲"，用自身的先进理念、人脉资源、市场运作能力，做好乡村规划、招商引资、产品开发、营销推广等工作，让乡村的资源可盈利、能赚钱；乡贤能人打"配合"，围绕村庄主题定位开展项目投资，发展业态、补全链条；村集体当"股东"，流转收储资源，入股享受红利，参与但不干涉；村民当"主人"，通过就近就业、资产出租、参与合作等多种方式，实现劳动力回流就业创业、农副产品就地增值、闲置土地房屋变现、集体经济创收分红，工资性收入、经营性收入、财产性收入同步增长，从而实现集体经济和群众收入双提升。

（三）运营前置

如何更好地盘活乡村资源，创造更多的经济收益，带动更多群众增收致富，运营思维必须前置，即用运营落地思维去研判乡村振兴定位、乡村规划体系、乡村发展组合、乡村建设时序，以市场理念、市场思维、市场机制开展乡村运营。在乡村开发建设过程中，通过将运营前置，系统化整合资本投资、业态产品、规划策划、建设施工、品牌推广、销售运营等资源，结合项目招商诉求，编制项目招商规划、投融资规划、空间落地规划。重点解决村落项目的招商条件、业态配置、运营筹资、如何建设等问题。在启动前期确定业态组合与盈利项目，通过管理运营保障项目最终实现可持续的高增长盈利，实现投资的高效盈利与安全退出。

（四）人才培育

乡村振兴，人才是关键。乡村运营，人才是核心。

乡村振兴需要本土化深耕，只有本土人才越多，发展实力才越雄厚，发展动能才越持久。积极引进新农人、乡村产业职业经理人；创造条件，吸引乡贤返乡，利用其先进理念、市场洞察力，服务乡村振兴。在运营中优化产业布局、盘活闲置资源、规范乡村治理、传承乡土文化、保护生态宜居，将乡村资源优势、生态优势转化为经济优势、发展优势，促进农业高质高效、乡村宜居宜业、农民富裕富足。

（五）创新机制

运营作为乡村（片区）推动村级集体经济、镇域经济、县域经济发展的一项重要抓手，要从政策解读、业务培训、成效推广等方面入手，直指乡村运营的核心难题和困惑，努力打造乡村运营样本典范。编制各类乡村运营管理手册，包括顶层设计、落地实操、经验分享、乡村创意、农产品电商等乡村运营体系，对运营机制作了深入细致的解读，为创新推广"乡村运营机制"、壮大村级集体经济、实施乡村振兴战略厘清思路、指明方向。同时，开展"乡村振兴＋新农人＋全域运营"人才开发培养，挖掘乡村品牌和运营价值，提高乡村建设行动的能力水平。

（六）成效推广

探索政府引导，村集体、企业和社会各界参与，市场化运作，可持续发展的村级集体经济实现路径，推动美丽乡村建设向美丽乡村运营、美丽经济转变。赋能其他乡村振兴项目，为其他乡村振兴项目提供经验路径、模式借鉴，着力打造一批产业旺、治理优、百姓富的乡村振兴新典范。

五、构筑乡村全域价值体系

构建全域发展的价值体系，这是乡村振兴的使命所在。用商业思维架构乡村振兴顶层引领体系，用市场化思维找到乡村振兴的入口和出口，精准找到企业效益、社会效益的落脚点和出口，形成资源盘活、品牌溢价、产业运营的企业效益，实现就业安置、区域振兴、生态修复、城镇化示范的社会效益，最终展现乡村振兴的历史使命、战略格局、愿景目标。如图 6-3 所示。

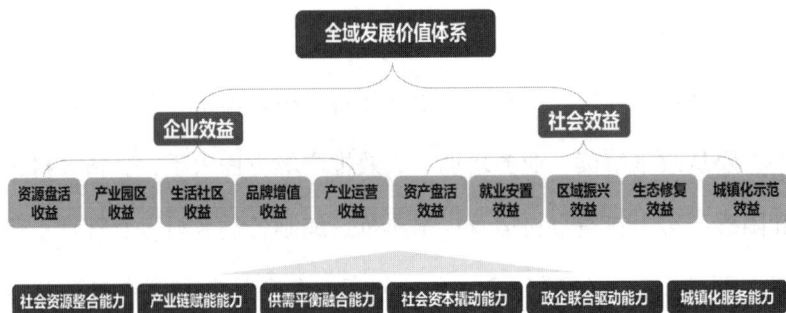

图 6-3　乡村振兴全域发展价值体系

（一）企业效益

企业效益是对当地资源要素激活、推进市场化路径中的价值展现，以及实现企业可持续发展的衡量指标，包含资产盘活收益、产业园区收益、生活社区收益、品牌增值收益、产业运营收益。

1.资产盘活收益

实施乡村振兴战略，是党的十九大做出的重大决策部署，关键是使市场在资源配置中起决定性作用。数据显示，全国乡村农房空置率超过 35%。而农宅是农民的主要资产，通过盘活闲置民宅，发展庭院经济。大量无法连片、规模化经营的零散土地，盘活后形成收益。低效林地通过整合使用后，形成产业经济。利用空闲的建设用地，包括粮库、卫生站、供销社、中小学、礼堂等，发展乡村产业，形成经营收益。

2. 产业园区收益

一级开发获利。开发商代替政府从事区域一级开发如九通一平、公共设施建设等，可以获得土地出让收入或获得相关开发建设费用的政府利息收益。招商引资返还收入。园区招商引资返还收入，即园区按新增固定资产投资额或新增财政收入的一定比例返还。配套房地产开发收入。开发商获取配套房地产用地进行二级开发，通过销售房产而获利。房地产开发销售收入已成为产业综合开发模式下的重要收入来源。

3. 生活社区收益

以小镇为功能载体，实现生活社区、商业街区、公共服务区等多区联建，满足人们生活、商务、社交集群需求和创业兼职的功能板块，服务产业园区、社会化农业、田园康养等城乡居民。以融入社区与创建社区引流变现为中心，覆盖了社区的知识付费服务、社群服务、社区带货服务、社区生活服务等功能点，形成社区服务性收入。

4. 品牌增值收益

品牌是一种形象性显著符号，是一种无形资产，是一种文化理念，是一种信任，存在于顾客的头脑之中，形成品牌效应。深挖地名文化内涵，充分利用地名文化强大的内蕴，赋能农业、文旅品牌建设，通过乡村品牌打造，形成品牌赋能乡村振兴，带动乡村经济发展。农产品品牌赋能，在推进产品变商品、商品变礼品的过程中，价格在之前的基础上，实现50%以上的提升，且保证了品质和产品的鲜活性。

5. 产业运营收益

依据产业园区产业主体，通过提供更完善的规划、招商、物业、企业外包等专业增值服务，通过提供人才、金融、技术、信息、市场、商务等社会化增值服务，建立产业配套服务体系，打造以企业为核心的良好产业生态环境，进而专注以招商运营、物业管理、增值服务等轻资产运营的服务模式。

（二）社会效益

社会效益从资产盘活、就业安置、生态修复、城镇化示范、区域振兴五个维度展现，也是立足当地、带动当地发展的评价指标。

1. 资产盘活效益

按照中央要求，利用闲置的宅基地和民房，打造精品民宿，长短租公寓，来激活闲置房产、闲置宅基地，通过联合开发，联合运营，实现共建共享。通过对古村落的保护和开发利用，对传统村落的文化传承、生活方式和人文故事的开发实现收益。

2. 就业安置效益

产业兴旺是乡村振兴的重要基础，经济发展是解决农村一切问题的前提。一二三产业融合发展是吸引优秀人才加盟，吸引乡村人才回流的前提，能够系统解决就业和发展问题。当优秀人才找到合适的工作岗位，越来越多的村民在家乡就业实现增收致富，可以吸引更多优秀人才回乡发展。在家门口就业，能够与家人团聚、照顾老人、陪伴孩子成长，有利于推进乡村振兴，促进当地经济发展。

3. 生态修复效益

通过改善整个片区道路基础设施，提升周边社区群众的生活质量和品质，民生福祉日益改善，逐步实现"宜居"。通过盘活低效存量土地，促进了空闲废弃土地的二次利用，增加了建设用地的面积，减少了建设项目对耕地资源的占用，保护了耕地，逐步恢复山清水秀的面貌。生态产品供给能力持续增强，生态产品价值逐渐显现，增强了群众的获得感与幸福感，实现了经济、生态、社会综合效益。

4. 城镇化示范效益

按照就地城镇化模式，完善水、路、电、气、通信等基础设施，从医疗到教育，从就业到社保，常住人口享有更多更好的城镇基本公共服务。加强农民工就业服务和技能培训，促进农业农村现代化，提升生活品质。

5. 区域振兴效益

土地得到改良、生态得到改善、资源得到激活、产业得到升级、人才得到集聚、就业得到扩大、税收得到增加、机制实现健全、村集体收入实现增加、村民实现致富、企业投资有回报、产业经营有效益等，全域实现发展，让更多的城乡居民分享乡村振兴发展成果。

（三）能力矩阵

全域价值体系的形成，需要打造社会资源整合能力、产业链赋能能力、供需平衡融合能力、社会资本撬动能力、政企联合驱动能力、城镇化服务能力。"六大能力"形成全域价值体系能力矩阵，确保企业效益和社会效益的实现。

1. 社会资源整合能力

要实现伟大的"中国梦"，必须大力加强社会整合能力建设，充分发挥党的社会整合能力，最大限度地团结一切积极力量，汇聚各方智慧，只有这样，才能实现中华民族伟大复兴。乡村振兴需要当地政府联合市场主体，打造乡村振兴平台，通过招商引资、招才引智，引进资金、技术、产业、人才等，凝聚各种积极力量，整合各种利益要求，充分发挥各方面的积极性，实现各尽所能、各得其所、共创共建共赢。

2. 产业链赋能能力

从产品链、服务链、价值链三大维度提升能力。优化提升技术工艺，就是通过先进的技术装备，对企业的生产工艺、流程进行系统化改革，大力推进信息化、智能化、智慧化，显著降低生产成本，显著减轻劳动强度，显著提高生产效率、产品质量和安全环保水平。优化拓展产品体系，就是由提供一种或几种产品向提供不同应用场景的系列产品转变，由单纯卖产品向提供整体解决方案转变，从赚取加工利润向获得更多增值服务效益转变，从一次性产品交易向持续的战略合作转变。优化提高产品质量，就是坚持以质量求生存、以质量赢市场、以质量树品牌，提高产品美誉度，筑牢企业长远发展根基。优化完善产业链条，就是强化产业组织理念，以"头部企业"为引领，整合上下游企业、科研院所等各类资源，针对性地补链、延链、强链，打造全产业链竞争优势，实现由一个企业的单打独斗，转为产业链上所有企业抱团打造产业舰队。优化提升经济效益，就是牢固树立价值导向，通过科技创新、加强管理，努力把产品做到极致，并向产业价值"微笑曲线"两端延伸，增强企业盈利能力和贡献能力。

构建全链条数据产品体系，打造高端产品链。推动大数据产品和解决方案研发及产业化，提升大规模数据采集与加工效率，打造云端多级异构数据采集产品；加强高性能存算系统和边缘计算系统研发，打造专用超融合硬件解决方案，研制效能可靠的大数据存储管理产品；推动多模数据管理、大数据分析与治理等系统的研发和应用。

打造高端化数据服务体系，创新优质服务链。围绕数据清洗、数据标注、数据分析、数据可视化等需求，加快大数据服务向专业化、工程化、平台化发展，引导地方和部门加强统筹布局、汇聚数据资源，构建一批以企业为主体、产学研深度融合的数据服务创新中心。支持大数据服务模式和业态创新，发展智能服务、价值网络协同、开发运营一体化等新型服务模式，以服务模式创新带动产品的迭代升级及商业模式优化。积极培育多元化数据服务体系，鼓励企业开放搜索、电商、社交等通用数据，推进跨行业、跨领域数据服务，加快数据流通、隐私保护等规则制定，探索数据收益分配机制，提升服务连续性和安全性，促进第三方大数据服务产业发展。围绕诊断咨询、架构设计、系统集成、运行维护等综合服务需求，培育优质大数据服务供应商，提供一站式、全链条、高质量数据服务。

深化行业大数据融合体系，延伸行业价值链。面向各行业、各领域数字化发展需求，实施行业大数据开发利用行动，建立完善的数据采集分析机制，开发行业大数据算法模型，丰富完善应用场景库、应用标准化模块库，建设一批行业大数据平台，促进平台数据、计算能力、开发环境等基础资源开放，推进行业数据资产化、产品化。针对关键基础设施、公共服务领域等日益旺盛的大数据应用需求，深度挖掘成熟应用的数据要素价值潜力，提升供给与需求的匹配度，进一步健全大数据产业链条，有效支撑金融科技、智慧医疗、智慧交通、应急管理等领域的管理创新和模式创新。统筹大数据与各行业各领域的融合应用，持续开展大数据产业发展示范点，加强总结提炼、展示体验、技能培训，加快技术成果转化与应用推广。

3. 供需平衡融合能力

供需平衡不是短期平衡，而是着眼于长期平衡，这种长期平衡并非一成不变，而是一种动态平衡。一般而言，供给对应企业，需求对应消费者，供给与需求之间存在互动关系。需求牵引供给，供给创造需求。企业之所以提供产品和服务，是因为消费者存在需求，消费者需求是企业生产决策的指南针。而现阶段，提出需求侧管理，则注重从质量上发力，贯通生产、分配、流通、消费各环节，由高质量的需求牵引高质量的供给。供给创造需求，指的是创新驱动的供给可以创造需求。

4. 社会资本撬动能力

《社会资本投资农业农村指引（2022年）》提出，坚持"放管服"改革方向，建立健全监管和风险防范机制，营造公平竞争的市场环境、政策环境、法治环境，创造良好稳定的市场预期。旨在引导地方农业农村部门结合本地实际，充分发挥市场在资源配置中的决定性作用，更好地发挥政府作用，激发社会资本投资活力，引导人才、技术、管理等现代生产要素注入农业农村。

5.政企联合驱动能力

对标全面推进乡村振兴、聚焦乡村发展、乡村建设、乡村治理的重点领域、关键环节，撬动更多社会资本与当地政府在现代种养业、现代种业、农产品加工流通业、乡村新型服务业、农业农村绿色发展、农业科技创新、农业农村人才培养、农业农村基础设施建设、数字乡村和智慧农业建设、农村创业创新、农村人居环境整治、农业对外合作等方面的合作，形成政企联合驱动模式，促进农业农村经济转型升级。鼓励社会资本与政府、金融机构开展合作，发挥社会资本市场化、专业化优势，加快投融资模式创新应用，探索典型模式。同时，建立和完善社会资本投融资合作对接机制，拓宽社会资本投资渠道，挖掘农业农村领域投资潜力，保持农业农村投资稳定增长，培育经济发展新动能。

6.城镇化服务能力

充分发挥县域城乡融合发展的纽带作用，统筹安排生产、生活、生态空间，优化空间结构和功能布局，增强产业支撑能力，增加基本公共服务供给，提高县城综合承载能力。推进县城补短板强弱项，推进公共服务、环境基础、市政公用等设施提级扩能。增强产业支撑能力，引导县域特色经济和农村二三产业集聚，优化发展劳动密集型产业，鼓励发展专精特新中小企业，努力形成"小企业、大群体""小商品、大市场""小产品、大产业"的产业发展格局。依托产业园区、特色小镇等产业集聚区，健全完善智能标准生产、技术研发转化、检验检测认证、冷链物流配送、政务服务等设施。

城镇化三要素，即人口城镇化、经济城镇化、社会城镇化格局展现，以此延伸出环境城镇化、基建城镇化、空间城镇化。城镇化服务能力具有下面几个特征。

一是功能混合。人、产业和城镇的融合与发展，是产业、城镇、企业、人四者之间依靠土地和交通等基本要素而形成的相互作用的区域网络系统。城镇化通过区域内部各要素功能合理使用，实现区域内平衡、功能自足。

二是服务均等。通过政府、运营商及其他社会化服务商，为乡镇城融合体系提供完善均等化的公共服务，提高基本公共服务水平，形成乡镇城融合全服务体系整体解决方案，促进城镇化的健康发展。

三是居住平衡。城镇化在于人的发展，要保障大部分就业人员实现本地居住，减少长距离、钟摆式交通，满足城镇居民多元居住需求。

四是布局融合。按照永久基本农田、生态保护红线、城镇开发边界的顺序统筹划定落实三条控制线，以及城镇空间、农业空间、生态空间要求，以公共服务为纽带，连接生产、生活、生态融合布局，打破机械的功能分区，切合乡村自然脉络，打破城乡功能壁垒，实现乡镇城功能融合。

五是创新机制。按照城镇化、城乡融合发展实施要求，贯彻落实国家人口、资金、土地、产业政策，通过实施制度创新，分类别地解决产业发展、生态宜居、社会治理等方面的新问题。

典型案例

泰山·九女峰是山乡集团首个签约落地的乡村振兴项目，在50平方千米的片区内，聚焦乡村文旅、康养度假、高效农业三大核心产业，按照尊重自然规律、尊重农民意愿、尊重乡情民俗的规划原则，构建了"一轴、一带、两心、两区、三组团、多节点"的空间发展格局，形成了"乡村文旅＋田园康养+667"的齐鲁样板模式。近年来，片区内19个村集体经济收入由平均8.4万元提高到16.9万元，村民人均可支配收入由15006元提高到20463元，真正实现了强村富民、宜居宜业、产业高质高效。

泰山·九女峰项目坚持不懈与村集体探索了"共建、共融、共治、共享"利益联结新机制，形成党建联盟、产业联盟、乡土人才合作社、区域联合社，通过党建统领、资源激活、人才赋能、产业经济的多重联动，将19个村协同发展，走出了一条人与自然和谐共生的最美田园之路，走上了一条充满希望的富民强村之路。农业农村部、团中央、全国青联、财政部、人社部、住建部、文旅部、全国总工会、中国科协、中国作协等部门领导和山东省领导对该项目进行过考察调研并给予充分肯定和高度评价。项目的经验做法被财政部称为"两山理论"的北方实践，被山东省认定为乡村振兴齐鲁样板"新典型"。

该模式成功的关键在于以下几个方面：

（一）坚持党建引领，走好组织振兴之路

一是牢固树立基层党组织的领导核心地位。成立党支部，充分发挥党组织和党员干部的带动引领作用，创新建立党建联盟工作机制，联合成立片区党委，形成了具有九女峰特色的党建品牌，片区党组织获得山东省先进基层党组织荣誉称号。

二是派驻优秀党员干部担任驻村第一书记，为村里办实事、解难题。努力当好基层党建的指导员、政策引导的宣传员、村情民意的调研员、产业发展的参谋员，深入田间地头，走村串户，努力协调完善村庄基础设施建设，帮助贫困户脱贫。

三是聚焦"党建＋精准扶贫"。积极开展公益事业，通过结对帮扶、志愿服务、走访慰问、提供就业等方式关心关怀村内弱势群体。建设污水处理系统，由企业和当地村民共用，改善村民生活条件。

（二）依托资源优势，走好产业振兴之路

一是充分结合当地山形、水系等资源禀赋，做到规划先行，反复调研论证，落地"667"乡村振兴模式，形成泰山·九女峰乡村振兴发展新蓝图，打造特色品牌，培育精品文旅。

二是培植故乡的云、故乡的月、氧心谷、乡村振兴学院等乡村 IP 和功能载体，打响了"泰山有个九女峰"乡村振兴品牌，为片区发展注入了新活力。

三是发展特色农业，拓展产业链条。围绕高效农业和品牌农业，充分利用项目地区独特的资源优势，建设泰山名贵中草药产业园，加强特色农产品开发，探索走出一条集约化、规模化的特色农业发展道路。

（三）培育人才队伍，走好人才振兴之路

一是组织农业技术培训，发掘并保护乡村工匠、文化能人、非遗传承人等农村各类实用人才和传统文化人才，联合当地政府，整合乡贤能人、创业致富人才，带动引领当地村民自主创业，助力片区发展。

二是构建创新创业政策环境，吸引城市精英和外出打工人才返乡创业，搭建人才返乡创业平台，不断强化人才集聚效应，注重乡村人才培训教育。

三是探索"教育资源下乡＋村民进城上大学"相结合的人才振兴新机制，全力打造有文化、懂技术、会经营的新型农民。

四是实施"两院一体""训战结合"的人才振兴模式，以轮岗历练、蹲苗淬炼的方式为乡村振兴输送、培养乡村振兴人才，有效实现了人才扎根、管理下沉、理念融合。

（四）挖掘文化底蕴，走好文化振兴之路

一是坚持以农民利益为先，本着"缺什么、补什么，要什么、学什么"的原则，通过组织村里党员干部和村民走出去找标杆、学经验，开眼界、启思路，帮助解决村民就地发展的难题。

二是培育文明乡风，积极参与村级乡风文明建设，配合村党组织做好村级文化广场修缮、村级文明户评选等工作，丰富群众精神文化生活，与村委共同开展文化活动。

三是修缮和保护了古街、村史馆、古屋、神龙溪等，推出"游客可以认养一株果树、一片菜地，体验耕耘收获之乐"等系列活动，打造了"山乡如画""乡村味道"等乡村生活场景，留住了美好的乡愁记忆。

（五）推进城乡融合，走好乡村 IP 引领之路

一是成立乡村振兴学院，形成了"政企联动、两院一体"的发展模式，成为多个省属单位调研基地、实用人才培训基地。

二是尊重村落肌理、山野环境，打造富有地方特色的民宿品牌。"故乡的云"象征一朵悬停于山间的漂浮云絮，回应泰山云海的波澜壮阔；"故乡的月"象征着四方游子对心中故乡的独特眷恋，守望着故乡这片热土；九女峰岱岳书房建成即成为全国网红书房。

三是建设氧心谷、农民大讲堂、乡村音乐酒吧，开辟了房车帐篷营地，因地制宜打造山地户外运动主题公园。